领你走进西藏

一部学术探险与拓荒的经典

亚欧丛书　EurAsia Series

1

梵天佛地

第三卷
西藏西部的寺院及其艺术象征
第二册　扎布让

［意］图齐　著

魏正中　萨尔吉　主编

上海 – 罗马　　SHANGHAI-ROMA
上海古籍出版　地中海与东方学国际研究协会
SHANGHAI CLASSICS PUBLISHING HOUSE　　ISMEO - INTERNATIONAL ASSOCIATION OF
MEDITERRANEAN AND ORIENTAL STUDIES

（第 14、19 页）

译 者 说 明 *

关于该册正文中所附插图:除了插图 2,其余插图均为译者增补。

原著描述白殿塑像时顺序不尽一致,为方便读者,译本增加白殿示意图(插图 4),并对塑像予以编号,在论及其中的某一塑像时,以插图号.1、插图号.2 等表示。例如插图 4.7 指的是插图 4 中编号为 7 的塑像。

附录(一)中的梵文文献原著仅给出原文,未予翻译,因未能找到图齐所用原文献,所以随顺原著,给出原文,并增加汉译;藏文文献图齐仅给出翻译,译者核对藏文原文予以汉译。

附录(二)和(三)原著仅给出意大利文翻译,经核对,图齐并非逐字翻译,而是有增删补充,因此汉译依据意大利文翻译,并参考了相关藏文文献,对其中的不一致之处以译者注的形式给出。

扉页彩图、图版 3、30、147 – 152 据原著翻印,其余图版据底片冲印。

<hr />

* 译著凡例见第一卷。

目　　录

译者说明 ⋯⋯⋯⋯⋯⋯⋯⋯⋯⋯⋯⋯⋯⋯⋯⋯⋯⋯⋯⋯⋯⋯⋯⋯⋯ i

导论

扎布让佛寺对藏族艺术研究的重要性 ⋯⋯⋯⋯⋯⋯⋯⋯⋯⋯⋯⋯ 1

第一章　胜乐殿 ⋯⋯⋯⋯⋯⋯⋯⋯⋯⋯⋯⋯⋯⋯⋯⋯⋯⋯⋯⋯ 7

一、概况 ⋯⋯⋯⋯⋯⋯⋯⋯⋯⋯⋯⋯⋯⋯⋯⋯⋯⋯⋯⋯⋯⋯ 7

二、胜乐部组 ⋯⋯⋯⋯⋯⋯⋯⋯⋯⋯⋯⋯⋯⋯⋯⋯⋯⋯⋯⋯ 7

三、胜乐图像及其象征性 ⋯⋯⋯⋯⋯⋯⋯⋯⋯⋯⋯⋯⋯⋯ 11

四、胜乐曼荼罗 ⋯⋯⋯⋯⋯⋯⋯⋯⋯⋯⋯⋯⋯⋯⋯⋯⋯⋯ 13

五、二十四雄与原人 ⋯⋯⋯⋯⋯⋯⋯⋯⋯⋯⋯⋯⋯⋯⋯⋯ 15

六、胜乐曼荼罗之密意 ⋯⋯⋯⋯⋯⋯⋯⋯⋯⋯⋯⋯⋯⋯ 18

七、扎布让表现的胜乐曼荼罗 ⋯⋯⋯⋯⋯⋯⋯⋯⋯⋯⋯ 19

八、八大尸林壁画 ⋯⋯⋯⋯⋯⋯⋯⋯⋯⋯⋯⋯⋯⋯⋯⋯ 20

九、附属天众 ⋯⋯⋯⋯⋯⋯⋯⋯⋯⋯⋯⋯⋯⋯⋯⋯⋯⋯ 23

十、五佛 ⋯⋯⋯⋯⋯⋯⋯⋯⋯⋯⋯⋯⋯⋯⋯⋯⋯⋯⋯⋯ 26

十一、护法部组 ⋯⋯⋯⋯⋯⋯⋯⋯⋯⋯⋯⋯⋯⋯⋯⋯⋯ 28

十二、十空行母 ⋯⋯⋯⋯⋯⋯⋯⋯⋯⋯⋯⋯⋯⋯⋯⋯⋯ 30

十三、三联陶像 ⋯⋯⋯⋯⋯⋯⋯⋯⋯⋯⋯⋯⋯⋯⋯⋯⋯ 34

第二章　金刚怖畏殿 ⋯⋯⋯⋯⋯⋯⋯⋯⋯⋯⋯⋯⋯⋯⋯⋯ 35

一、佛殿概况 ⋯⋯⋯⋯⋯⋯⋯⋯⋯⋯⋯⋯⋯⋯⋯⋯⋯⋯ 35

二、金刚怖畏曼荼罗 ⋯⋯⋯⋯⋯⋯⋯⋯⋯⋯⋯⋯⋯⋯⋯ 36

三、金刚怖畏 ⋯⋯⋯⋯⋯⋯⋯⋯⋯⋯⋯⋯⋯⋯⋯⋯⋯⋯ 37

四、扎布让所表现的曼荼罗 ⋯⋯⋯⋯⋯⋯⋯⋯⋯⋯⋯⋯ 42

五、附属天众 ⋯⋯⋯⋯⋯⋯⋯⋯⋯⋯⋯⋯⋯⋯⋯⋯⋯⋯ 45

六、热玛提在印度和藏地 49

七、护法部组中的其他天众 54

八、上师传承次第 59

第三章　白殿 61

一、概况 61

二、殿中表现的图像 61

三、大日如来部组 63

四、无量光佛或释迦牟尼 67

五、内殿 68

六、古格诸王 69

第四章　红殿 72

一、概况 72

二、佛传壁画 74

三、建寺场景 82

第五章　总管殿 85

一、概况 85

二、度母部组 85

三、金刚手部组 88

第六章　洛塘寺 90

一、概况 90

附录 93

（一）八大尸林仪轨文献 95

（二）密集部组三十二天众 103

（三）护法部组 107

（四）关于胜乐和金刚怖畏的藏文论书 109

参考文献 114

图版 117

导　论
扎布让佛寺对藏族艺术研究的重要性

对西藏西部佛寺研究的第二册是专门针对扎布让(tsa pa rang)的。

关于扎布让，我在 1933 年的考察日记中已有详述[1]，此处无需重复，也不必对该地区再次描述，仅需提及如今整个地区已是一片广阔的废墟(图版 1)。往昔辉煌仅余庙堂枯骨，而且也颓败荒弃、零落不堪，如果西藏当局不及时采取措施的话，也早晚坍塌殆尽。

如此，这些在历史、图像学和美学上有着无量价值的印藏艺术遗迹就将化为乌有。不过，劫余的佛寺中实际上仍幸存着成队缤纷斑斓的怛特罗天众，其间不仅以无尽的想象表现了大部大乘天众，而且也成功地达到了这些地区再没有过的色彩和谐。这些佛寺壁画代表的是西藏西部画派最杰出的作品，从中我们可以欣赏到一种完全成熟的艺术，如我在别处提及，其乃直接派生自印度传统。公元 1000 年左右，仁钦桑波(rin chen bzang po)及其王室施主迎请至古格的艺术大师们引介入的不仅是盛行于他们本土的艺术风格，还有佛教缓慢消亡过程中在苟延残喘的印度大寺的荫蔽下仍然繁荣的诸艺术流派。藏地新手弟子们则怀着承绪上师的极大敬畏，忠诚地延续着此种艺术传承。

这就是扎布让绘有壁画的佛殿价值所在：其中我们仍可欣赏到一种风格独特、完全未染晚近绘画中强烈的汉风影响、可谓代表了藏族艺术分支的画派的精湛作品。由于欧洲通常只了解这些晚近作品，所以东方艺术史家一般都把藏族绘画或多或少地当成了汉地

---

[1]　G. Tucci ed E. Ghersi, *Cronaca della missione scientifica Tucci nel Tibet occidentale (1933)*，Roma, Reale Accademia d'Italia, Roma, 1934, p. 330;英文版参见 G. Tucci and E. Ghersi, *Secrets of Tibet being the Chronicle of the Tucci Scientific Expedition to Western Tibet (1933)*，London-Glasgow, Blackie and Son Ltd., 1935, p. 171。

绘画的分支。无疑,当藏汉文化、政治联系逐渐升温之际,与印度的交往则日益减少,雪域艺术也深受汉风影响。但西藏西部的情况则完全不同。虽然在古格王国鼎盛时期扎布让也可邂逅汉地商队(我们可以从天主教传教士的报告推断,偶见于建寺历史壁画中的汉商形象也可以作为间接证据),然而与卫藏并非一贯友好的关系,以及地域的迢遥构成了阻隔汉地文化题材渗入此边地的两个因素。相反,始于仁钦桑波时代,通过克什米尔或尼泊尔与印度的联系却从未中断过。

另一方面,仁钦桑波及诸弟子施主在西藏西部的事业不仅是智识层面的弘法,而且是通过印度题材的不断渗透,使该地区逐渐开化。渗透同时也是创造,因为佛教及其传法僧在这里遇到的只是大批牧民。如仁钦桑波传所示,艺术家整体移居西藏西部,慢慢形成流派,并在其中留下他们的个人印迹。上册图版中的木雕残件,以及塔波寺(ta pho)、托林寺(tho ling)、扎布让寺和科加寺('khor chags dgon)的殿门无疑是因古格诸王的虔诚以及印度悲惨政治风云而聚集于荒凉阿里高原(mnga' ris)上的艺术群体为数不多的留存证明。

这些木雕作品多有留存,而更幸运的是,有一座绘着被认为是出自印度大师之手的古壁画的佛殿尚存,它就是玛朗(mang nang)佛殿。该殿向我们骤然展示的是迄今为止只有通过阿旃陀(Ajantā)、艾劳拉(Ellora)和西基利亚(Sigiriya)才为人所知的印度绘画传统的杰出遗作,对此我在他处早已提及[1],以后还会详述。这一阶段在扎布让则付诸阙如,犹如重要城镇经常遭遇的政治变迁,此地即使一度有过最古老的绘画,也随着佛寺的不断修缮而被新壁画所取代。虽然扎布让不再有我们在玛朗所见的开端,但其佛殿内遗存的壁画也足以对我所称的古格画派的发展形成一个大致的观念。尽管我们不能如玛朗一样称其为印度作品,但如果我们巡礼扎布让佛

---

[1] G. Tucci, "Hitherto Unknown in Tibet: Paintings Recalling the Art of Ajanta", *The Illustrated London News*, January 18, 1936, p. 81.

寺,就可以见证绘画的缓慢本土化和风貌的独特呈现,但其并未丢失本自印度的明显痕迹,在最晚近的例子中亦是如此。

作为白殿系列塑像背景的小幅壁画一如真正的细密画,以其精准技法、精美线条、轻盈灵动和完全不见于后期壁画的明暗柔和而最接近印度原型。其中也能看出在图像配列允许的情况下对半侧面而非正面形象的偏爱,然群像已开始裂变为背光环绕的单身形象:单像取代了组像。

紧随其后的是山顶王宫中央的胜乐(Saṃvara, bde mchog)小殿壁画。作为胜乐眷属的诸天女线条柔和、体态轻盈,尽管因量度轨则所限而略显程式化,但在通常的藏族画作中无可媲美。尽管五佛形象已据后来藏族艺术通行的绘画标准而失去了立体感,显得呆板单调(图版13、14),但古风犹存:面部还未圆润,头冠仍为尖头三角形,而非后来藏地图像中习见的橄榄叶形。

此种艺术最后的发展体现在红殿中,其间的古格艺术已与本源相去甚远,似乎昭示着曾使它繁荣昌盛的古格王国政治上的危在旦夕。当时正值拉达克王森格朗杰(seng ge rnam rgyal)征服古格的前夕,此次征服略早于古格对拉萨的服从。初期作品的韵味遗失殆尽,取而代之的是对宏大铺张的狂热追求,高大失衡的形象以其单调乏味的面容从历史绘画的壁面突兀而出。艺术家的兴致不再倾注于形象,而转向细部:衣饰精致、宝座及周围涡纹精雕细琢,以及无谓地纯然铺陈。但典型的印度题材仍坚守其中:涡纹内所包含的动物,跃狮和翼马。换言之,尽管艺术家喜于宏大铺张,但其技法却在小幅形象、大幅形象的周围背景,尤其是环绕佛殿壁面下部的史传中得到了淋漓尽致的展现。这些人物尽管确实是藏人形象,但并未完全忘却印度所启,他们活动的虚幻场景唯有那些无意将本土元素杂糅进佛传中的人才能想象得出。晚近佛寺或唐卡(thang ka)中构成佛传背景的汉式亭台或白墙红檐、鳞次栉比的藏式小房在此处还未见任何踪迹。

扎布让壁画的重要性正在于此:它们为我们记录了西部地区绘画艺术的发展和兴盛,也是其特立独行于主导藏地其他地区的画派的见证,并赋予古格艺术在该画派唐卡中得以鲜明体现的特性,我

9

10

将会在另一本书中对此进行研究[1]。

无须多说,古格艺术主要取材自怛特罗佛教。正如我再三强调的,仁钦桑波译介入本土的正是怛特罗经论,其所引介的教法不仅是从文献学角度精准理解的法本,而且是他在印度从其同时代的教证大德处求取的灌顶传承。这些上师对仁钦桑波授予灌顶,使他堪为向其具器弟子传承灌顶教法之炬。我还说过,他所建的诸多佛寺中均供奉有特定的主尊眷属,就是真正的曼荼罗。扎布让也不例外：我们所见的每间佛殿中的天众并非毫无关联,而是和谐配列,集中指向特定的证悟。此证悟作为天众生起的中心,传递给他们特定的密意和象征价值,对其完全的通达和成就即是解脱。此中心或实相大多数时候是大日如来(Vairocana),但并非唯为大日如来。也许受汉地金刚乘(Vajrayāna)推崇大日如来的影响,人们常常把佛教的怛特罗形式,即印度和藏地佛教徒自身所称的真言乘(Mantrayāna)等同于大日如来及其象征,但我们不应该去赶这个潮流。一些最重要的部组确实是以此实相的象征为中心,但还有许多其他未必不重要的密教传规遵循其他部组所表现的方式,其中首推不动佛(Akṣobhya),其有众多化现,如嘿噜嘎(Heruka)、喜金刚(Hevajra)、密集金刚(Guhyasamāja)、总摄轮(Cakrasaṃvara)。若欲深刻理解我们将要研究的这些壁画的密意,就不应忘记西藏西部诸王护持、弘传于古格的佛教从本质上而言的怛特罗氛围。从美学价值来衡量这种近乎漠视凡人、也不从俗人生活劳作的尘世汲取任何灵感的艺术必须记住此点。除了佛传,背景中无任何风景,参照点的完全缺乏暗示我们身处象征的抽象世界,其以多彩的投射占据了壁面的大部空间,而下部空间的边框则是专门留给凡间的,它们或表现的是佛陀本行,即释迦牟尼以第一义谛的化现降临于娑婆世界,并宣说解脱之道的如幻一生,或是对建寺的历史场景的记录,二者皆以鲜活灵动的会众、写实的风格、和谐的群组展示出古格画师会是如何成功地再现生活复杂多变的节奏;但这并非是他们所关注的世界,其

---

[1] 译者注：[G. Tucci, *Tibetan Painted Scrolls*, Roma, La Libreria dello Stato, 1949, vol. II, pp. 347–368]。

视域无法填补他们的灵性需求。他们的精神世界完全不同。其犹如惊梦或鬼神的狂欢，人体在其间肢解为怖畏的形象：多头、多臂、多足，身体扭曲，动物的肢体嵌入其中，与人体古怪地结合在一起。

这些画作产生的第一印象是梦魇，其犹如病态意识中混乱幻象的可见投射。但怛特罗经典及论师的阐释赋予我们一把启其真实密意的钥匙：它们是印度至上密法传规借以表达其证悟的有形话语。因此，它是一种象征艺术，是一种图画的象形文字，接受古老宗教形式并将民间神祇转形于其秘密传承中的诸灌顶传规借其以预示他们的成就，并在色彩、比例、层次等一切细节皆已预定的图像的方便中表达他们的内证或他们所想象的修法次第中的一系列证境。

进而，它可谓一种召请的艺术。画师并非异想天开，而是据预定的程式对瑜伽与观想(dhyāna)所起的禅定中出现于他们虔信意识中的定境的再现。没有任何复制或临摹，一切均为亲证、均为内眼所见，并于起笔动稿之前在知道如何浸淫其中的画僧的禅悦之中再次鲜活。我甚至认为众多画作的实效就在于它们几乎如从禅观中活生生地扑窜而出，其中洋溢着画师所体验到的怖畏和喜乐。然而后来，量度程式成为规矩，变成画师唯一的尺度，并取代其观境，艺术随之败落，变得呆板、一统、乏味，失去了一度是其首要特征的表现力，留下的唯有色彩的艳丽与协调，成为至今藏地画作最富价值的部分。

这种艺术中的一切都有其象征和密意：从天众身色到所持标识，从身饰庄严到多数时候的双身乐舞。我在多处说过双身的含义，并会在即将出版的关于怛特罗心理学的专书中详细讨论[1]，故在此不再提及此类形象的复杂象征性。我认为他们有自身的魅力，一种奇异却表现力极强的魅力。无可否认，金刚怖畏殿(Vajrabhairava)中壁面凸显的该本尊的怪异身形，正是外境内识中支离破碎的混沌力量深刻有效的表现，印度上师感受到了这种力量，并且为了调伏它们，最终将它们聚焦于救度而力图以具体形象对其加以描绘。

13

14

---

[1] 译者注：［G. Tucci, *Teoria e pratica del mandala con particolare riguardo alla moderna psicologia del profondo*, Roma, Astrolabio, 1949］。

15

　　我们面对的是一种图画般地再现内境、心相、意乐的企图，任何其他艺术中都不具如此比重，都未激发出如此多样的形式。如前所述，其中凸显的舞韵并非总是如胜乐殿(Saṃvara)中主尊眷属队列的天女小像般婀娜甜美，而更多的是如双身天众般的奔放热情。前者中，诸天女双腿纤长，姿态婉转，传递着灵动的节拍，在眼光顺势流转的顾盼中，仿佛应请而临，接踵而至，翩然起舞。后者中，庞大的尊像狂笑着、狰狞的面容饰有阴森恐怖的头冠、脚踏因挤压而扭曲变形的人身，以明确的象征体现着宇宙之舞的不同乐章，在无边怖畏的有为之舞中跃动着生与灭、有与无的韵律。然而，正是在其间，通过般若与方便的结合，受灌顶者体证到了无法言诠的解脱喜乐。

　　源自印度的这种艺术看来是最适合移植到西藏这样的土地。古老的苯教信仰、对那些时刻准备危害生民的山神地祇的信仰、佛教在雪域所遇并艰难改造提升的与众多仪式相伴的阴森仪轨，尤其是发达的咒术，所有这一切都使得藏地成为最适合撒播怛特罗教法及其艺术的土壤。如我所述，这是一种初瞥之下即绝非静谧的艺术，它是印藏心灵的图像写照，其中所含的是与生俱来的深刻的生命悲剧感，以及由此而生的超越它的强烈渴求。

第一章

胜 乐 殿

一、概　　况

我以坐落于陡峭土山顶上的佛殿为始论述扎布让的幸存诸殿。城镇依山而建,山上散落串饰着居民开凿的洞窟。小殿正建于王宫中央,犹如后者至今仍以广阔的废墟坚持护佑着它(插图1,图版2)。如西藏西部所有宫堡的惯例,小殿曾是当地本尊(yi dam)的居所,是殊胜之处,是王室、城镇乃至整个邦土祈求除危度难的护法神的不可侵犯之禁地。同时,它还是灌顶殿,就像我们即将看到的,其内有曼荼罗,经年修行的具器弟子于此接受上师的传法灌顶,修证本尊成就法。

佛殿已颓败荒弃,庄严殿内立体曼荼罗的大部分塑像已被劫掠。雨水顺着错位的殿顶渗入,已将壁画吞噬或浸淫;门轴脱落倾倒,殿门洞开,任人进出。也许路经扎布让前往噶大克(sgar thog)集市的噶瓦尔(Garhwal)商队已掠走了残存的东西。

引领我们参访的守殿人是扎布让为数不多的居民之一,他使我们确信该殿名为胜乐殿,壁画证实了此种说法。

北

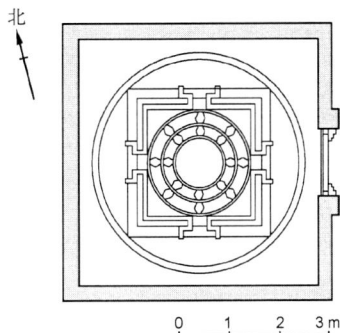

插图 1

[参考西藏自治区文物管理委员会编,《古格故城》(上),文物出版社,1991年,第47页,图二十二绘制]

二、胜 乐 部 组

胜乐(bde mchog)是藏传密教中备受青睐的重要怛特罗部组的名字。其本轴可分为两支,每一支都派生出大量的注疏、仪轨论书及成就法(sādhana, sgrub thabs)。两支均以主尊、即整个怛特罗义理随之展开的象征命名：一为总摄轮 (Cakraśambara)，一为胜乐 (Śaṃvara)，至少根据写本是如此[1]；其开示的怛特罗也分别以吉祥世尊总摄轮(Śrīmadbhagavat Cakraśambara) 和吉祥世尊胜乐怛特罗 (Śrīmadbhagavat Śambara Tantra) 著称。但从象征性地表现它们的曼

---

[1] 夏斯特里所编孟加拉亚洲协会佛教写本目录第 100 号中读作 Śrīcakrasambara。H. Shastri, *A Descriptive Catalogue of Sanskrit Manuscripts in the Government Collection under the Care of the Asiatic Society of Bengal*, Calcutta, The Baptist Mission Press, 1917, vol. I (*Buddhist Manuscripts*), pp. 167 - 168, nos. 100 - 101；但同页英文转写为 Cakrasaṃvara。同书的第 101 号中时而转写为 Cakrasambara，时而转写为 Cakrasaṃvara。

同样，由夏斯特里所编加德满都德巴尔的尼泊尔写本目录中读作 Cakrasambara。H. Shastri, *A Catalogue of Palm-leaf and Selected Paper Mss. Belonging to the Durbar Library, Nepal*, Calcutta, The Baptist Mission Press, 1915, vol. II, p. 48.

本达所编剑桥写本目录中读作 Cakrasambara 和 Śambara。C. Bendall, *Catalogue of the Buddhist Sanskrit Manuscripts in the University Library Cambridge*, Cambridge, Cambridge University Press, 1883, pp. 186, 202.

凯斯所编印度事务部图书馆梵语俗语写本目录中由托马斯(Thomas) 撰写的佛教部分中读作 Cakrasambara。A. B. Keith, *Catalogue of the Sanskrit and Prākrit Manuscripts in the Library of the India Office*, Oxford, Clarendon Press, 1935, vol. II (*Brahmanical and Jaina Manuscripts*) [with a Supplement *Buddhist Manuscripts* by F. W. Thomas], part II (nos. 6628 - 8220), p. 1394, n. 7712, n. 3.

藏文大藏经中保留的梵文标题写法不一：Śrīcakrasaṃvara, Cakraśambara，以及 *Sambaramaṇḍalavidhi*, *Sambarakalita* 等中的 Sambara；德格版写作 Śrīcakraśambara，参见贝克所编甘珠尔目录，或拉露对科尔迪埃目录所作的索引，以及日本东北帝国大学出版的西藏大藏经总目录索引。H. Beckh, *Verzeichnis der tibetischen Handschriften der Königlichen Bibliothek zu Berlin*, Berlin, Behrend and Co., 1914, erste Abteilung (Kanjur [Bkah · hgyur])；M. Lalou, *Répertoire du Tanjur d'après le catalogue de P. Cordier*, Paris, Bibliothèque Nationale, 1933；Hakuju Ui *et alii* (edited by), *A Complete Catalogue of the Tibetan Buddhist Canons (Bkaḥ-ḥgyur and Bstan-ḥgyur)*, Sendai, Tōhoku Imperial University, 1934.

Śrīcakraśaṃvara(转写为 Shrīcakrasambhāra) 部组为卡孜·达瓦桑杜所知晓：K. Dawa-Samdup (edited by), *Shrīchakrasambhāra Tantra. A Budhhist Tantra*, London-Calcutta, Luzac and co. -Tracker, Spink and co., 1919.

茶罗来看,两支本质上是一致的,这些曼茶罗都将其本尊作为大乘佛教另一位著名本尊、嘿噜嘎(Heruka)的心髓。藏人在转译这两个名字时稍有犹豫:Cakraśambara 或 Cakrasaṃvara 通常译为总摄轮('khor lo sdom pa)[1],也就是他们读作 saṃvara,并赋予其"总摄"之意[2];Śambara 则被译作 bde mchog,字面意思是"胜(mchog)乐(bde)"。

第一种情况下,即作为总摄轮(Cakrasaṃvara, 'khor lo sdom pa)有不同涵义:梵文 cakra 意为"轮"或"轮盘",可作法轮理解,因为正善宣说了瑜伽士惑道;或者是轮器,因为断除了一切分别;或可理解为生死轮回,因为是业及业之异熟。Saṃvara,即总摄或交点指的是一切之心髓,也就是诸法自性清净光明、自证智。或者轮是四智[3],摄是法界(chos kyi dbyings)体性智。或者轮是空行母(ḍākinī,即以后会提到的明妃)的象征,摄是嘿噜嘎的象征。或者轮指三喜,摄指俱生(sahaja)喜。轮也可以指不动佛(Akṣobhya)、无量光佛(Amitābha)、宝生佛(Ratnasambhava)、不空成就佛(Amoghasiddhi)四如来(Tathāgata)自性,摄指大日如来(Vairocana)自性等等[4]。

第二种情况下,很清楚是译师或他们受教的印度氛围中读作 Śaṃvara,赋予 śam "乐"的含义[5]。因此他们将 Śaṃvara 当作复合词:胜(vara)乐(śam)。该名字正好道出了该传承的基本教义:借助禅定,证得胜乐之境。

19

---

[1]　但由于梵文材料中名字的极不确定而也有例外,例如, P. Cordier, *Catalogue du Fonds Tibétain de la Bibliothèque Nationale. Index du Bstan-ḥgyur (Tibétain 180－332)*, Paris, Imprimerie Nationale E. Leroux 1915, III, p. 115。

[2]　如同藏文的 sdom, saṃvara 的含义不仅为"律仪",还有"总摄"之意(藏文 'dus)。saṃvara 和 samāja 的同义由那若巴(Nāropā)的 *Sekoddeśaṭīkā* [灌顶略说注]得以证实: sarvadhātūnāṃ samahāro melāpakaḥ samājaḥ saṃvaraḥ,第 33 叶。

[3]　参见《梵天佛地》第三卷,第一册,第 37 及 163 页。

[4]　Cordier II, p. 30, n. 3. *Guhyavajratantrarājavṛtti* [秘密金刚怛特罗王注释], bstan 'gyur [丹珠尔],释怛特罗部(rgyud 'grel),ta 函,第 264 叶。译者注:《西藏大藏经总目录》第 1416 号。此处据论书实际内容而对原书所述稍有改动。

[5]　即 Śam sukhaṃ. V. Ś. Panaśīkara (edited by), *Sūtasaṃhitā. With the Commentary of Śriman Mādhavāchārya*, Poona, The Ānandāśrama Press, 1893, p. 27.

20

　　怛特罗时期佛教诸派教法的终极目标仍是解脱,但此解脱既非如初期佛教仅仅来自行善积德,亦非仅来自智慧。确实,般若仍为修行之肯綮,但如我们前卷所言,其不再仅仅被视作识,而是与真谛同一。因此,这种同体是证得,是彻悟,是大乐,它源自解脱的无分二要素、即诸法性空的般若和方便大悲的圆满和合（yoga 或 samāpatti）;它也是同时作为因和果的菩提心（bodhicitta）,即不仅是漫长解脱道上的初发心,也与诸法之实相和一切之心髓同义。拥有菩提心就是乐,乐就是智[1],就是佛性[2]。因此,更古教派的遮诠的涅槃具有了表诠的意味,并且成为密教中并不鲜见的现象,乐和作为其前行的瑜伽被描述为爱。大乐菩提心由其二要素的无二合一而迸发,犹如性爱中的种子。这也就是如我一再所说,为什么作为宗教体验象征的众多怛特罗天众表现为双身（yab yum,即父—母）。在求取大乐的过程中,通过不同的观想次第,一些传规事实上将菩提心等同于种子,在最高灌顶仪式中引入与明妃（śakti）或业印女（mudrā）的和合,她是十六岁的少女,依灌顶部组的不同而种姓各异[3]。她象征着五部对应的明妃,并经常冠以同样的名称。然而,这里所进行的性爱要避免射精。

21

　　实际上,这种仪式是在其密意完全明确的情况下施行的,犹如小小的清净场域中不断上演的世界无尽生起收摄的仪式剧。与明妃和合的瑜伽士就是一切,他们的体内就有日月星辰和大千世界:通过瑜伽士的一呼一吸,其体内映照出时间的无尽流逝,通过其心脏的收缩舒张,生命在无边的轮回中流转,并为再次的伸张而收摄自身。在无尽圆满大乐中与明妃相拥的瑜伽士是潜能与现实在其裂变——由种子流射所代表——为危脆无常的世界之前的合一[4]。

---

[1]　akṣarasukham jñānadhātu,*Vimalaprabhā*［无垢光］,VIII a。

[2]　buddhatvam paramākṣarasukhaṃ,*Vimalaprabhā*［无垢光］,VII 6。

[3]　诸法分为五部,众生亦依类分为五部,详见《梵天佛地》第三卷,第一册,第28页。

[4]　成就者所发展并表达在 *Dohākoṣa*［多哈藏］中的这些理论不仅传承于中世纪印度的性力派（śakta）中,尤其传承于直接肇源于该派的孟加拉的俱生派（sahajīya）中,但 *Saṃvara*［胜乐］、*Guhyasamāya*［密集］和 *Kālacakratantra*［时轮怛特罗］中已经以这些理论为前提。

然而这一切都不应使我们忘记胜乐也需要从两个层面区分,如 22
同对绝大多数佛教天众一样:一方面是随着时空的流转,以及对应
于其所成型的印度宗教思想的演进而围绕着他逐渐升华的秘密象
征;另一方面是剥离其一切后附的义理构建后的原型。胜乐—嘿噜
嘎(Saṃvara-Heruka)在示现为怛特罗中的身形之前,只不过是某个
无法确定的族群的本土神祇,他具有以湿婆(Śiva)身形会聚于印度
教中的几乎所有神祇的忿怒特征。他与湿婆有许多共通的元素,最
明显的是其中一臂持有梵头(Brahmā),据某些传说,湿婆曾砍掉梵
天的第五个头颅。

三、胜乐图像及其象征性

正是嘿噜嘎(Heruka)或胜乐(Śaṃvara)——作为整个曼荼罗主
尊(gtso bo)的嘿噜嘎被称为胜乐——表现为伴有明妃的双身[1]。

他被描述为[2]:

> 中央莲心日座上为世尊吉祥嘿噜嘎,身蓝色;四面之
> 主面黑,左面绿,背面红,右面黄,各面具三眼;十二臂;额
> 佩五股金刚杵鬘;右足伸展,压于双手合十、余右手执鼗
> 鼓、左手执剑之四臂怖畏黑天之首;左足弯曲,压于双手合 23
> 十、余二手持颅器及天杖之红色四臂迦利之乳。……
>
> (嘿噜嘎)双手环抱金刚亥母,右手持五股金刚杵,左
> 手持铃;此下之双手在身后伸展一带血之白色象皮衣,右
> 手执左前肢,左手执左后肢,施期剋印之两手指尖与眉齐

---

[1] A. Grünwedel, *Mythologie des Buddhismus in Tibet und der Mongolei. Führer durch die lamaistische Sammlung des Fürsten E. Uchtomskij*, Leipzig, F. A. Brockhaus, 1900, pp. 105ff; A. Getty, *The Gods of Northern Buddhism. Their History, Iconography and Progressive Evolution through the Northern Buddhist Countries*, Oxford, Clarendon Press, 1914, p. 127.

[2] 附录(四)藏文论书第 1 号:*rnal 'byor gyi dbang phyug lū i pa'i lugs kyi bcom ldan 'das 'khor lo sdom pa'i sgrub pa'i thabs bde chen gsal ba* [瑜伽 自在鲁益巴传规之世尊总摄轮成就法·大乐显明],第 14 叶背面。

平；右第三手举鼗鼓、第四手举钺斧、第五手举钺刀、第六
手举三叉戟；左第三手持有金刚标识（菩提心之自性）之天
杖[1]、第四手持盛满鲜血（大乐味之自性）之颅器、第五手
持金刚羂索、第六手持四面梵头。具有交杵金刚标识之辫
髻；各首有黑金刚鬘，其上下饰有五人头骷髅贯穿之鬘；悬
有稍向头左侧歪斜之半月；面具种种变；每面四獠牙突出，
甚堪怖畏。具九种姿态：娇媚、豪迈、可厌三身姿态；豪野、
暴戾、堪怖三语姿态；恻隐、威猛、平和三意姿态。系虎皮
裙；（从颈至大腿处）悬挂有穿于人肠上之五十颗湿人头
鬘；以六印为标记[2]。以人骨灰涂抹全身。……

　　父母互相抱合表征方便智慧相结合，于与母结合等之身
体严守要窍之方便实为殊异，菩提心月从头融化，其表征应
以遍满全身所生之方便大乐修习般若空性四解脱之义。此
乐为天杖及颅器所表征之义；此二亦为金刚和铃所表征之五
智、智度之义，以及元音阿哩、辅音噶哩之方便智慧。此之造
作清净业贪、远离痴、催请一切佛、断除三门过失及执边之分
别；凿诸烦恼、压服正智之缚[3]、轮回有及涅槃无常断二
边[4]；以证悟空性慑服一切众生。

---

[1]　杖柄为白色，朝上之顶端为五股黑金刚，其下次第排列有白色干人头、红色半
　　干（rnying pa）人头、黑色新鲜人头。柄中间为交杵金刚（viśvavajra），其下为金
　　瓶。这是宗喀巴的解释。另参见 A. Grünwedel, *Mythologie des Buddhismus*,
　　pp. 100ff; S. H. Ribbach, *Vier Bilder des Padmasambhava und seiner
　　Gefolgschaft*, Hamburg, Lütcke and Wulff, E. H. Senats Buchdruckern, 1917,
　　p. 18.
[2]　宗喀巴释为："顶髻宝、颈饰、钏镯、耳铛、络腋、尸灰。其中四件由人骨所
　　造。"另据鲁益巴（lū i pa），六印象征清净六波罗蜜（pāramitā），བཅོམ་ལྡན་འདས་
　　དཔལ་འཁོར་ལོ་སྡོམ་པའི་མངོན་པར་རྟོགས་པ། *bcom ldan 'das dpal 'khor lo sdom pa'i
　　mngon par rtogs pa*［世尊吉祥总摄轮现观］，第202叶背面，参见本册第
　　13页。
　　译者注：《西藏大藏经总目录》第1427号。
[3]　以穿于人肠上之人头鬘为象征。
[4]　以怖畏黑天（Kālabhairava）和乌摩（Umā）代表。

如此造作之果：过失消尽之弃除为梵头；由弃除寂静边之光明安立色身为头骨骷髅；清净十二因缘之一切障为十二臂；颠倒一切邪见之变脸；摧伏四魔之突出獠牙[1]；功德日益增盛之表征为上盘发髻；究竟住于五智为金刚鬘；以此智尽所有睹见一切为三眼；以四业成办一切有情义利为交杵金刚；圆满成办一切六度之道为六印相之义；具足五佛四明妃所集之一切止观姿态。

薄伽梵母金刚亥母面对世尊，身红色；一面二臂；三眼；赤体披发；具头骨骷髅片为饰之腰带垂穗；勾父颈之左手持盛满四魔等鲜血之颅器，并呈至父口；右手持金刚，并以期刻印对十方一切凶暴者施以威吓[2]。

于空性中平等观察众生，犹如劫尽之火；具极净之智慧显相，阳光之威光显赫；喜血而滴血；两胫紧缠于父之大腿上；住胜观自性之大乐，然因成办众生义利而具悲之体；以除了尸灰以外的五印为饰；具五千人头之头冠，五十千人头之双垂璎珞。

26

27

四、胜乐曼荼罗

然而，怛特罗传规中的天众绝非孤立，他们作为系列眷属的主尊而被想象和再现，这些眷属是根据有严格象征性的、早已固定的序列而围绕其展开。因此，可以想见作为胜乐曼荼罗主尊的胜乐也有其眷属相伴，处在以他命名的曼荼罗的核心。阐释其成就、描述其曼荼罗的大量相关的仪轨论书也确实充分表明了这一点。它是整个佛教怛特罗中最丰富、最复杂，当然也是最值得关注的曼荼罗之一。在胜乐的大量眷属组群中我们再次见到印度教的著名神祇，这几乎可作为佛教中很早出现的将自身

---

[1]　即五蕴魔(skandhamāra)、烦恼魔(kleśamāra)、死魔(maraṇamāra)、天子魔(devaputramāra)。
[2]　即八方隅及上下。

和当地宗教传统融合、接受它们、然后彻底改变其象征性和密意的倾向的再次明证。

我手头关于胜乐部组的注释论书可以分为两大类，这还不包括该怛特罗激发的五次第（pañcakrama）的赫塔瑜伽（Haṭhayoga）教理中对其义理和仪轨的精心阐发。其一是 *bstan 'gyur*［丹珠尔］中印度论师的撰述，其二是藏地论师的注疏。两类中都得区分义理注疏和成就法（sādhana，sgrub thabs）论书，后者指的是那些详尽描述灌顶前行、正行仪轨，以及与怛特罗晦涩口诀或多姿多彩的曼荼罗图示所象征的观境合一的法本。无需列出 *bka' 'gyur*［甘珠尔］和 *bstan 'gyur*［丹珠尔］中的经论，参阅其目录足矣[1]。相反，藏地大德撰著的重要论书因印行于本土而甚少为人所知，或尚未得到研究，所以，我根据自己收集的写本和木刻本把它们列在本册附录（四）藏文论书目录中。

扎布让小殿里陈设之物若非特别，至少也不常见：曼荼罗并非绘制，而是塑制，其原样应是立体曼荼罗的杰作，因曼荼罗若非壁画，则次次以彩砂绘于地面或某一特定的表面。而如今该曼荼罗的每一细部均已坍塌崩毁，庄严天宫（vimāna）或门上的牌楼支离破碎，散乱堆积。我们来得及时，尚能在废墟中发现原来配列于曼荼罗各个方位的天众全像或残像，请参看本册扉页和图版 3－7。

能比定他们吗？

为了抉择定名扎布让小殿的塑绘画像，我将利用上述仪轨论书，并以大成就者鲁益巴（lū i pa）所传、宗喀巴（tsong kha pa）注释的

---

［1］ *bka' 'gyur*［甘珠尔］请参阅贝克目录（Beckh，*Verzeichnis*）和大谷目录（*A Comparative Analytical Catalogue of the Kanjur Division of the Tibetan Tripitaka Edited in Peking during the K'ang-hsi Era, and at Present Kept in the Library of the Otani Daigaku Kyoto*，Kyoto，The Otani Daigaku Library，1930－1933，3 vols.）；*bstan 'gyur*［丹珠尔］请参阅科尔迪埃目录（Cordier，II，III），以及拉露索引中非常有用的补遗（M. Lalou，*Répertoire du Tanjur*），也请参阅上面所提东北帝国大学目录（Hakuju Ui et alii（edited by），*A Complete Catalogue of the Tibetan Buddhist Canons*）。

胜乐成就法为指南[1]。该论书罗列描述了构成胜乐部组的天众，以及在复杂仪式的不同阶段对他们的召请。其所罗列图像学意义甚大，因为内中富含对迄今尚未所知或比定的天众的准确完整描述。 30

为了研究方便，最好列出宗喀巴据鲁益巴(lū i pa)传规的总结，以易于认定构成胜乐丰富曼荼罗的单尊天像（参见表一）。

五、二十四雄与原人 42

天众中的最后二十四位值得专门提出，他们掌管着印度的二十四地，因此，在密教仪轨中被定位于体内的二十四轮。一些藏文资料记载，远古时楼陀罗(Rudra, drag po)和迦利(Kālī, dus mthang ma)在摩揭陀国(Magadha)下凡，成为整个赡部洲(Jambudvīpa)之主，并分封二十四天神掌管二十四地。他们是：天界四神、四乾达婆(gandharva)、四药叉(yakṣa)、四罗刹(rākṣasa)、四龙(nāga)和四阿修罗(Asura)，然而，这些天众尽管受到迎请，却未领受他们的封地，因以他们相应的石像代受敬拜，至今其圣地尚在[2]。

———————

[1]　据附录（四）藏文论书第 7 号，总摄轮(Cakrasaṃvara)和胜乐怛特罗(Śaṃvara-tantra)的整个经论分为两个基本部类：怛特罗本身和注释论书。前者进一步分为三类，其一为根本怛特罗(rtsa rgyud)，广本三十万颂，中本如 *Khasamatantra*［虚空平等怛特罗］，以及略本；其二，注释怛特罗，即 *Vajraḍāka*［金刚空行］、*Śaṃvarodaya*［胜乐生起］、*Yoginīsañcāra*［瑜伽女遍行］、Abhidhānottara［现诵上］、Sampuṭa［和合］；其三，同分(phyogs mthun)怛特罗，如 *Herukābhyudaya*［嘿噜嘎现生］、*Ḍākārṇava*［空行海］。关于其注释传规，尽管附录（四）藏文论书第 10 号列举了九种，每一传规都由一位有名的怛特罗上师开示，但藏地传承尤其启自三种传规：鲁益巴(lū i pa)、铃者(Ghaṇṭa pā)和黑行(Kṛṣṇācārya)。抛开细节，说仁钦桑波及噶当派(bka' gdams)总体上遵第一种，即鲁益巴传规亦不为过（附录（四）藏文论书第 10 号，第 3 叶），这也是为什么我特别选用这位晚期佛教怛特罗大师的论著作为解释扎布让绘画的指南。
其他诸如广月(Prabhūtacandra)、褐衣者(Kambala)、龙树(Nāgārjuna)、因陀罗菩提(Indrabhūti)、弥勒护(Maitrīpā)、三眼(Trinetra)等传规不如前三种弘传广远。

[2]　此传说在藏地首先由布顿述及，隆多喇嘛(klong rdol bla ma)在其 *bstan srung dam can rgya mtsho'i ming gi grangs*［具誓护法海之名录］中对此有复述，*klong rdol bla ma'i gsung 'bum*［隆多喇嘛文集］，pa 册，第 9 叶。

这二十四雄(vīra)不仅在仪式中安立在修法者身体的不同部位，还掌管着世间诸方。在怛特罗传统里他们环绕着真谛在器世间的具体映射、地理上的金刚身(vajrakāya)。但尽管印度传承将金刚身等同于上述提及的二十四地——后者除了极个别的例外，很容易与印度次大陆的地域相对应；后来，也许是佛运衰微之后，地理上的金刚身的范围就仅限于喜马拉雅地区了。常常强暴印度地理传统的这种移位在藏地怛特罗传规中已是既成事实。比方说，邬金巴(u rgyan pa)和达仓热巴(stag tshang ras pa)从藏地前往斯瓦特河谷朝圣，着意参访了据 *Saṃvaratantra*［胜乐怛特罗］所述已然被二十四雄掌管的金刚身二十四地。那么，这些地点均分布于桑噶(zangs dkar)、克什米尔、库鲁(Kulu)以及哈扎拉(Hazara)和斯瓦特地区。

因此，该金刚身可谓在仪式中重构于禅修者体内。瑜伽士在其体内的小宇宙中再现生起、收摄两个进程，本识由此实现为变易诸法，然后归回自体。

换言之，我们在器世间，在以富含标识、代表器世间运行机制和成住坏空的方便手段图示象征器世间的曼荼罗中，在瑜伽士的体内均能发现二十四雄的身影。

仪式的这一方面不应使我们惊奇，如果我们记得在仪式中我即世界的话，这也是赫塔瑜伽(Hathayoga)义理和实践的前提。怛特罗仪式也保留有甚至比印度其他宗教体系更多的古老的原人(Puruṣa)观念：整个世界从原人派生而出，或者被想象为人形。世界从原人的解体中诞生，却在祭仪中重组，吠陀火祭(agnicayana)中已然如此。二十四神安立于大地的二十四处，及人体的二十四部分，界定了原人或其映射的表面，但彼此总为曼荼罗，对知其者而言，内中再现了诸有为法成、住、坏的交替进程。

为了大宇宙和小宇宙的圆满平等，犹如个体均由身、语、意(kāya vāc citta)构成，掌管世界——即原人——各处的二十四神也被分为三个对应的层面（插图2），即身语意三曼荼罗，每一曼荼罗都有位于八方隅的八天众。此处我们亦发现怛特罗思潮中原始思维形式的留存，但其取得了新意，嵌入了人类迄今所能想见的最错综复杂的宗

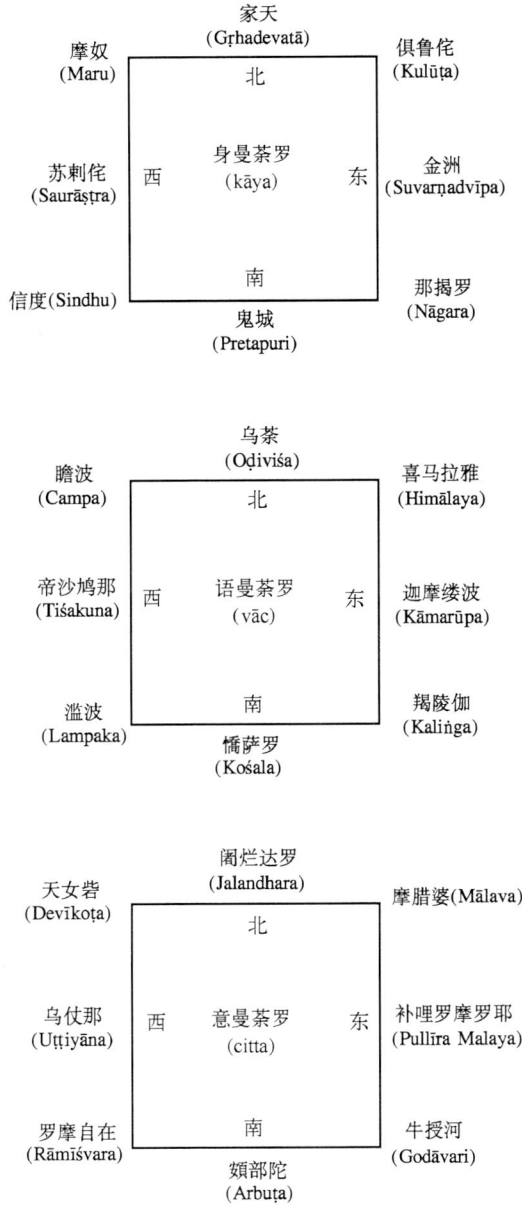

家天
(Gṛhadevatā)

摩奴
(Maru)

俱鲁侘
(Kulūṭa)

北

苏剌侘
(Saurāṣṭra)

西

身曼荼罗
(kāya)

东

金洲
(Suvarṇadvīpa)

南

信度(Sindhu)

那揭罗
(Nāgara)

鬼城
(Pretapuri)

乌茶
(Oḍiviśa)

瞻波
(Campa)

喜马拉雅
(Himālaya)

北

帝沙鸠那
(Tiśakuna)

西

语曼荼罗
(vāc)

东

迦摩缕波
(Kāmarūpa)

南

滥波
(Lampaka)

羯陵伽
(Kaliṅga)

憍萨罗
(Kośala)

阇烂达罗
(Jalandhara)

天女砦
(Devīkoṭa)

摩腊婆(Mālava)

北

乌仗那
(Uṭṭiyāna)

西

意曼荼罗
(citta)

东

补哩罗摩罗耶
(Pullīra Malaya)

南

罗摩自在
(Rāmīśvara)

牛授河
(Godāvari)

頞部陀
(Arbuṭa)

插图 2

45　教心理体系之一[1]。

六、胜乐曼荼罗之密意

46　　我从 *Saṃvaratantra*［胜乐怛特罗］仪轨中摘出的这个枯燥列表只是一个纲要,其用处在于比定扎布让颓败小殿墙面多彩天众列队的各身形象,但对该部组象征表达的内在证悟和其对受灌顶者的密意却不能提供丝毫线索。今天,伟大的灌顶传承薪火已然熄灭,无名和无法辨认的天众身像也完全失去了价值和密意。如今藏传佛教寺院中常见的是顶礼此身或彼身形象、施行种种外在供养;而过去并非如此,在这些净地举行的不是冰冷的供养,而是一种次第提升觉受、浸淫甚深禅悦的行仪,受灌顶者在其间通过观境的不断超越,证会自身与怛特罗示其纲要、曼荼罗显其奥义的无上内证境界契合。开示这些成就法的上师无疑是人类心识的智者。从内证出发,他们能发现连接情器世间、身边识际的千丝万缕;他们设想出能够引生定境的禅观三昧之规,并且发现了将他们的证悟外显之方便,尤其发现了通过缘虑一处、心一境性而调伏散乱心识的方便。

　　不要认定我们面对的只是一个单纯的禅观过程,而将此三昧视作对一些谛义的缘虑。如任何神智学派的做法,这些谛义必须成为*47*　心之血气,即完全成为我们的内证智慧,这也正是形象象征功能的终极之所在。

　　因此成就法就其总体而言,是涌动于个体整个心识的一种有机单元,它几能促发、引导并汇流观境,它能以栩栩如生、清净光明的形象唤起所缘,直到其现前于因本尊无余示现而法喜充满、几为折服的受灌顶者之眼前,以此统御具信心识中汹涌起伏的显相。生起

---

[1]　二十四雄(vīra)之说并非孤例,或可将其与盛行于南印度和孟加拉之黑天派所传称为力嬉(vaibhavavilāsa)的黑天(Kṛṣṇa)二十四化身相比较,例如 *Caitanyacaritāmṛta*［制怛里亚所行甘露］, *Madhyalīlā*［中嬉］,第20章。除了居住于无抵天(Vaikuṇṭha)的那罗延(Nārāyaṇa)外,他们也有围绕第一天(Paramavyoma)、分处八方隅的各自的天界,但他们下凡掌管某一特定地域,他们亦安住于身体的不同部位。

次第(utpattikrama)的行仪至此圆成,该行仪从修法者的心识深处抽取出本尊形象,然后将本尊再次摄入自身,使其生起本尊亦非实有,而仅为内识之变相、清净光明之显色的定见,一句话,本尊仅为施设、无有自性。在第二或更高的次第中,绘制的、可见的曼荼罗被内化于瑜伽士的体内,如我所言,修法者在其与世界无二无别的体内观照大千世界无尽的生灭,以及从如如法界因缘而起的刹那显相相续的不真与空。

这一切对于探寻如鲁益巴(lū i pa)传规、宗喀巴注释的胜乐一类的成就法(sādhana)的人而言是显而易见的,我亦据此提取内中的图像描述来比定扎布让的壁画。

七、扎布让表现的胜乐曼荼罗 48

我们开始研究殿中曼荼罗,如前所述,其已圮废,仅有为数不多的残件遗存,但在上文所引仪轨论书之启明下,我们能理想地重构其全体。从损毁中攫取的少数塑像尽管残缺且标识不在,但仍可比定,尤其是借助身色等此种大乘艺术中每一意义明确的细节。这些小像均由纸(也许是陈旧残缺的法本)、布、土糅合所成,手法精致,或拥明妃(śakti)、或为天女。所幸的是主尊虽有残缺,仍然留存,它就是我已提的嘿噜嘎(Heruka),其为三面、十二臂(扉页图版),与上文的图像阐释完全一致,但没有明妃。

图版3、4表现的是金刚身(vajrakāya)二十四护法的其中两位。因各护法标识完全相同,而且每组护法的身色亦一致,所以无法作进一步比定。

图版5－7表现的是十忿怒母(khro mo)或十怒相空行母(dākinī)中的五位。因每尊身色各别,易于比定。图版5表现的是鸦面母(khva gdong ma)。图版6.a、6.b、7.a、7.b分别表现的是阎摩牙母(gshin rje mche ba ma)〔1〕、阎摩女使(gshin rje pho nya mo)〔2〕、 49

---

〔1〕　身色为右红左绿。
　　　译者注:原书写作阎摩空行母(gshin rje mkha' 'gro ma)。
〔2〕　身色为右黄左红。

阎摩坚固母(gshin rje brtan ma)〔1〕，最后一位具人面，可能是舞自在女(gar gyi dbang phyug ma)〔2〕，而非枭面母('ug gdong ma)。但诸忿怒母的手臂数量与宗喀巴据鲁益巴(lū i pa)传规所作描述不同：她们不是二臂而是四臂，这意味着扎布让佛殿的艺术家和僧人可能遵循的是另一传规〔3〕。

无疑系属于同一部组的众多其他天众精美地再现于殿内壁面上。佛殿中央的立体曼荼罗表现了主要的六十二天众，画师意欲在墙上再现的则是众多眷属天众，他们或消除各种违缘障碍、或常行不变供养、或为忿怒护法及护方神。

因此，受灌顶者通过瞻视始于墙裙的壁画，环曼荼罗而行，再历召请本尊及眷属的次第，现前观看了与此相伴的仪式剧，在上师认为其根器成熟之际，他自己就将成为剧中角色。

50

八、八大尸林壁画

不仅需要比定这一错综复杂的图景，还要确定其图画般地再现的是仪式的哪一时刻。在靠近地面的条状壁画带上触目惊心地再现了阴森恐怖的场景（图版 8－11，下部）：肢解的人体、分散的尸块、秃鹫饕餮着的尸身、遍地的枯骨和骷髅；各种魔怪；巨蛇缠绕的瘤树；以及禅定中的瑜伽士和圣者。如果 *Saṃvaratantra*［胜乐怛特罗］不为我们提供确切的相关解释，这些场景一眼看去就会被当成

---

〔1〕 身色为右蓝左黄。

〔2〕 身色为绿色。

〔3〕 这当然不是黑行(Kṛṣṇācārya)传规，因为就上述天众而言，黑行所造成就法(sādhana)与鲁益巴(lū i pa)的曼荼罗无有分别，差异唯在仪轨的一些次要细节。黑行所造关于胜乐曼荼罗的论书我仅提及下述两种：

　　1) དཔལ་འཁོར་ལོ་སྡོམ་པའི་སྒྲུབ་ཐབས། *dpal 'khor lo sdom pa'i sgrub thabs* ［吉祥总摄轮成就法］；

　　2) བཅོམ་ལྡན་འདས་དཔལ་འཁོར་ལོ་སྡོམ་པའི་དཀྱིལ་འཁོར་གྱི་ཆོ་ག *bcom ldan 'das dpal 'khor lo sdom pa'i dkyil 'khor gyi cho ga*［世尊吉祥总摄轮曼荼罗仪轨］。

佛教的地狱变。这些画作表现的是印度瑜伽士所熟知的八大尸林，是成就者为获神通、一心禅定、修习甚深赫塔瑜伽(Haṭhayoga)之法而退居的怖畏之所。

作为令人作呕地直面示现色身易朽，体证血肉注定消散、贪爱徒劳无益的场所，这些尸林在瑜伽士的受教中一直扮演着关键角色。根据佛传，佛陀在成正等觉之前也曾在类似地方历时有年，*Majjhimanikāya*［中尼迦耶］以优美的偈颂描写了这些空寂冢间，在这些惊怵的孤寂之地，释迦牟尼逐渐增强对世间的厌离、对危脆无常的弃除、对不坏恒常的追寻。但在怛特罗学派中尸林不再是观想色身可悲命运之所，甚至也不只是贪爱灭除的惊怵象征。

出自怛特罗氛围的那些人类心识的分析大师找寻狂野的印象，意欲让想象驰骋，在这些可怖幽隐之处的空寂中唤起妖魔鬼怪的影事幻象，而后以禅修瑜伽之火将其烧灭，藉此获得天魔鬼怪非为外境及出世间真实，而是散乱心识无常变相之不退信解，证得一切显相自性皆空之离言实相。这是对心识网幔的析解，目的是为了深入"我"之无分极微，他们认为藉此发现就能再现法界。

在进行禅修的一切阴森之地中，附录（一）列举和讨论的八大尸林变得声名鹊起，传说要么认为它们是天众的栖居之所，要么就会讲述著名的成就者如何在这些地方获得神通。

为何以八为数不难想象。密教实际上将其视为有情心识的象征，诸识与外境相系，使我们觉受并生起对后者的执著。心识有八：眼耳鼻舌身五识，加上意识(manovijñāna)、末那识(manokliṣṭavijñāna)或染污识，以及潜藏过去之业及将来种子之根本识阿赖耶识(ālaya)。但这种象征在八大尸林业已发展成熟的安排里显然是晚出的成分，八应与八方隅有关。

根据与胜乐相关的仪轨，尸林(dur khrod)被视作曼荼罗不可或缺的成分。因此，它们据仪轨论书中的图像学描述表现于扎布让小殿并不奇怪。它们应表现为：

> 充塞无头人尸，悬于树、倒于地、穿于弗戈、矛所剌、半

51

52

被烧焦；均匀散布有人头、胫骨、呲牙之头、以及其他散骨和全骨。[1]

此外，鲁益巴(lū i pa)还补充道：

> 有八大白色支提；八大成就；八大智慧火；鸦、枭、鹜、狐、鹞、蛇、牛首者等四处游荡；药叉、起尸、罗刹发出啾啾之大声；有成就者、持明、行誓言之瑜伽士；以及一心观察世尊之瑜伽女，赤体解辫，五印为饰，执持长腰羖鼓。[2]

即使散布于壁画背景中的树木也不乏寓意，它们是与八大尸林对应的八树[3]。场景的交替中可见一些山峦及近处的支提[4]。但不要以为它们只是用于装饰，作为其前面怖畏场面的背景。作为胜乐曼荼罗的必要表现，山峦、支提亦有其象征性。与空间维度相应，山亦为八座，附近应绘支提。八山从东方开始，左旋而非右旋，依次是：宝自性天成山(rin po che'i rang bzhin gyi lhun po)，即须弥山(Sumeru)、曼陀罗山(Mandāra)绿色、冈底斯山(Kailāsa)白色、摩罗耶山(Malaya)黄色；自东北右旋是：大因陀罗山(Mahendra, dbang chen)黑色、香醉山(Gandhamādana, spos dang ldan)黄色、雪山(Hema, gangs can)白色、吉祥山(Śrīparvata)青色。

图版11双手合十的形象表现的是宗喀巴仪轨论书中概要描述的八大龙王之一。龙王上部绘有云彩，象征从印度到汉地源远流长的龙与水的关系。画中的云彩也并非仅作为龙王本义的简单表达

---

[1] 宗喀巴，*rnal 'byor gyi dbang phyug lū i pa'i lugs kyi bcom ldan 'das 'khor lo sdom pa'i sgrub pa'i thabs bde chen gsal ba*［瑜伽自在鲁益巴传规之世尊总摄轮成就法·大乐显明］，第13叶。

[2] 译者注：据上引宗喀巴论书，第14叶正面，原书此处并非根据藏文原文直译。

[3] 尸利沙树(śirīṣa, *Acacia sirissa*)、芒果树(cūta)或庵没罗树(āmra, *Mangifera indica*)、阿说他树(aśvattha, *Ficus religiosa*)、诃利计罗树(harikela)、婆吒树(vaṭa, *Ficus bengalensis*)、迦兰伽树(karañja, *Pongamia glabra*)、波迦吒树(latāparkaṭī)、波罗提瓦树(pārthiva)或有修树(arjuna, *Terminalia arjuna*)。

[4] 参见《梵天佛地》第一卷。

而默默无名,如附录(一)所提,它们有八朵,均有各自的名字。同样,图版 8 里的双身形象表现的是与八大尸林密不可分的八护方神(dikpāla)之一。

这些尸林及其细节的表现既非艺术家的率性而为,亦非仅为装饰,它其实是业已确立的象征模式的回响,其源头可以回溯到大量汲取了古代民间信仰并有所变化转形的印度怛特罗传统。

九、附属天众

在上文描述的壁画带上部另有一列身姿柔美的天女小像,均为四臂,种种身色,站于莲花,或伸右腿,或舒左腿,翩翩起舞,或呈他姿。诸天女使人想起上文研究过的中央曼荼罗塑像。因为她们常伴有给出其名号的简短榜题,比定起来并不困难,其为据鲁益巴(lū i pa)论书演绎出的图像样式表现的十六明女(vidyā)和八供养女天(mchod pa'i lha mo)。这在图版 9 中可清楚看到,内中分别表现的是:花女(Puṣpā, me tog ma)、烧香女(Dhūpā, bdug spos ma)、灯女(Dīpā, mar me ma)、涂香女(Gandhā, dri chab ma)。

四天女对应于上文列表中的第 42、43、44、45 号。尽管这些天女也出现于八供养天女中,但其所持标识[1]表明她们是十六明女的不同身形。

图版 8 从右边开始,表现的是:灯女、涂香女、供食女(Naivedyā, zhal zas ma)、味金刚母(Rasavajrī, ro rdo rje ma),似乎对应于十六明女中的第 31、45、33、47 号。我说"似乎对应"是由于灯女的出现排除了我们正面对着同一个十六明女系列的可能,否则无法解释其在同一系列中的重复,而且灯女也缺乏明女的典型标识,即如上所见的鼗鼓、颅器和天杖(khaṭvāṅga)。另外,杂色的供食女正是供养天女中的同名天女,而供养天女中亦有灯女。由此可推测扎布让画师所遵循的是另外的图像规则,也许它遵行的是八供养天女系列,常见的供养天女为八位而非五位。

───────────

[1]　鼗鼓(ḍāmaru)、颅器(kapāla)和天杖(khaṭvāṅga)。

23

图版 10 表现的是花女（Puṣpā，me tog ma，局部）、濯足女（zhabs bsil ma）和供水女（mchod yon ma），在我用作指南的仪轨论书中没有后两位天女，但她们是仪式中供功德水（arghya，mchod yon）和濯足水（pādya，zhabs bsil）的两个特定阶段的象征。

接着是一些双身（yab yum）天众，部分再现于图版 11，据榜题，她们应为暴恶女（Caṇḍikā）、畏惧女（skrag byed ma）、作扰女（skyod byed ma），昧女（rmongs byed ma）仅能看到局部，还有阎摩女（gshin rje ma）。这些天女代表的是藏文称之为铠甲（kavaca，go cha）的灌顶仪式特定阶段观想召请的本母（mātṛkā，ma mo）部组，目的在于保护曼荼罗或消除仪式中的违缘。

如果在前行仪轨中与任何仪式行为相伴并源于其的清净氛围的违缘没有彻底消除的话，仪式不会圆满。这些障碍可分为外障和内障，尽管它们通常被归结为外境内识的扰乱波动。铠甲（kavaca）或保护（rakṣā）仪式在于排除、控制从外进入已经清净或即将清净之地的违缘障碍，而降神（aveśa）仪式则使慈悲天众的怒相生起于瑜伽士的心间，从后者的本识中清除那些障蔽其清净自性、阻碍其与至上证境契合的扰乱。

该仪式阶段的主尊是金刚萨埵（Vajrasattva）[1]：

> 从自己心间所现白色 oṃ ha 中（观想）月座上白色三面金刚萨埵，主面白、右面红、左面黑；六臂中之右三臂持金刚杵、鼗鼓、头，左三臂持铃、颅器、天杖；具白色月光；与亥母平等和合。

> 头上黄色 ma hi 中出现黄色大日如来，右第一手持轮。

> 卤门处红色 svāhā hu 中出现红色莲花舞自在，右第一手持莲花。

> 两肩处黑 bauṃ khaṭa he 中出现黑色嘿噜嘎，右第一手持金刚杵。

---

[1] 附录（四）藏文论书第 1 号，*rnal 'byor gyi dbang phyug lū i pa'i lugs kyi bcom ldan 'das 'khor lo sdom pa'i sgrub pa'i thabs bde chen gsal ba*〔瑜伽自在鲁益巴传规之世尊总摄轮成就法·大乐显明〕，第 22 叶正面。

眼处红黄色 hūṃ hūṃ ho 中出现红黄色金刚日,右第
一手持宝。

额处一切支分之身根之性绿色 phaṭ haṃ 中出现绿色
马头(明王),右第一手持剑。

诸(天众)余下右手持鼗鼓;左第一手持铃,余下左手
持带颅骨之天杖;坐于日座,具白色日光;与各自之明妃阎
摩女等平等和合。

六雄均饰以六印,颅骨顶饰,人头双垂璎珞,虎皮裙;
三眼,呈右展姿。……

女主尊脐处生起红色 oṃ baṃ[1],从中出现红色金刚
亥母,红、蓝、绿三面;六臂之右三臂持钺刀、梵头、铁钩,左
三臂持颅器、天杖、羂索。

心间蓝色 haṃ yaṃ 中出现蓝色阎摩女。

喉间白色 hrīṃ moṃ 中出现白色昧女,(坐于)月座,具
白色月光。

头处黄色 hreṃ hrīṃ 中出现黄色作扰女。

卤门处绿色 hūṃ hūṃ 中出现绿色畏惧女。

额处一切支分之身根之性烟色 phaṭ phaṭ 中出现烟色
暴恶女。

余下五(天女坐)日座,具白色日光。

(诸天女)一面;四臂之右二臂持鼗鼓、钺刀,左二臂持
带颅骨之天杖、铃。均为三眼,赤体散发,以五印为饰;顶
饰颅骨,具头鬘;呈右展姿。与各自之父金刚萨埵等平等
和合。

该部天众部分再现于图版 11 中。

因此,我们所讨论的壁画与胜乐灌顶仪式密不可分,但与佛殿
中央主尊及其根本化现眷属所构成之曼荼罗不同,象征仪式阶段的
这些壁画并非专属胜乐部组。大量其他曼荼罗及其与之相伴的仪

---

[1] 即灌顶仪式中的少女。

轨同样规定了对供养天女、护法、尸林天众的召请，这是每一仪式必备的内在前行。

十、五　　佛

但是，我们已阐释过的壁画带上面的那些大幅画像表现的又是什么呢？他们是胜乐(Śaṃvara)天众还是与其他部组有关的天众？如上所述，下面壁画带天众常见于其他部组，因而，我们目前需要比定的这些天众也可能与其他曼荼罗有关，它们共同构成一个有机整体。

正壁所绘五天众围绕有常见的头光和身光，其余空间处绘有花卉纹样，以及从徜徉云朵中钻出、双手合十的小天众。该部组易于确定，单尊像的比定可由与之相伴的短小榜题得出。主尊为不动佛的特殊身形嗔金刚(rdo rje zhe sdang)，右侧为宝生佛(Ratnasambhava, rin chen 'byung ldan)和大日如来，左侧为无量光佛和不空成就佛(Amoghasiddhi, don grub)，参见图版 12–15。

很清楚，这五身形象表现的就是我在前册已广泛论述的五佛[1]，但其图像样式完全不同。我们面对的是五佛的特定表现，是对归属于特定的怛特罗开示，即 Guhyasamāja［密集］的象征性和甚深成就的图像译介。

以不动佛为主尊的五佛被视作清净光明('od gsal)的化现，后者由大金刚持(Mahāvajradhara)，即超越变易相续、代表诸法本源的不变心髓来象征性地表达。如此的密集五佛代表的是三十二天众曼荼罗的五重中心，这一曼荼罗根据那些开示如何彻底证悟其所象征的成就法的仪轨论书所详尽描述的程式，用图像表达了该传规的甚深义理。

密集曼荼罗五佛的出现必定会引出与之相伴的二十七天众。因此，根据无住金刚(Asthiravajra)造、信作铠(Śraddhākaravarman)和仁钦桑波共译的赞颂论书 Śrīguhyasamājamaṇḍaladevakāyastotra［吉

---

［1］《梵天佛地》第三卷，第一册，第 103–105 页。

祥密集曼荼罗诸尊身讚叹]中的描述[1],在附录(二)中单独列出这一部组的天众不无裨益。除了一些微小的差异,各种与该怛特罗相关的藏地仪轨论书均遵循这一描述,而该怛特罗无疑是整个金刚乘(Vajrayāna)最重要的怛特罗之一。

那么是否应该考虑扎布让小殿的画师叠加了两个部组,一是有五佛形象的密集,一是该殿主供的胜乐?显然不是。两部怛特罗的混融在理论上并非不可能,尽管二者阐释的仪轨有异,但基于同一心识、始于同样的前提、指向同样的成就,二者的差异仅在于名称的改变,以及引发内识之力,导向成就的传规的不同。此外,还有一个共同点,即一切心髓的象征由不动佛代表:虽然密集传规中无分别状态的回溯是由与不动佛、或其本形大金刚持的合一来象征,而胜乐传规中以嘿噜嘎(Heruka)表达诸法实相,但象征的差异不足以湮没其所表征的成就法的一致。其实,在仪轨论书中我们已发现不动佛和嘿噜嘎的完全融合[2],因为二者均为据有情心识而有不同示现的同一实相的映现。实相是漫长修习究竟获致的无法言诠的真实,一些传规确实将其悟为智慧光明,即大日如来;其他传规则将其证会为如金刚般圆满不坏之境,即金刚无分(abhedya)之境,此证境亦超越一切时际、因缘,因此无有变易,亦即不动,以其金刚不坏清净超越任何世间化现而又含藏一切化现,因此以金刚为标识。它不动(Akṣobhya),因其为娆动(kṣobha)前之状态,与大乘佛教有众多类似之处的克什米尔湿婆派将后者视为世界生起的最初阶段,本识中之诸法潜相。进而,不动即至大不定,是其未有分化、出生无尽万法而悲智不二、乐空不二的第一推动力。因此,通过不动佛、嘿噜嘎和胜乐的等同,胜乐和密集两部怛特罗合流于同样的证悟,作为后者特征的五佛亦跻身于胜乐曼荼罗,成为其次要补充。正如密集中诸佛以六为数,即传统五佛围绕其本源大金刚持;同样,胜乐传规中嘿

62

---

[1] 译者注:《西藏大藏经总目录》第 1828 号。

[2] 附录(四)藏文论书第 7 号, *dpal 'khor lo sdom pa'i rim pa dang po'i lam la slob pa'i tshul go bde bar rjod pa 'dod pa 'jo ba'i snying po*[吉祥总摄轮初次第道学法易解诠说·如意心髓], pha 函,第 11 叶正面: heruka ni skabs 'dir mi bskyod pa'i no bo yin,此间嘿噜嘎为不动佛之本性。

63 嚕嘎亦为五佛之中心、心髓[1]、出生诸佛之本母[2]。它其实是同一心髓的另一表征，据某些经论，嘿嚕嘎、喜金刚(Hevajra)、时轮(Kālacakra)和密集均是权称为金刚持(Vajradhara)的实相依据有情的根器业行的别别化现[3]。

　　而且，无论遵循哪个部组，每个怛特罗仪轨皆需观想召请五佛，这是每一仪式的前行，一想及此，五佛的出现就很容易解释。在观想次第中，瑜伽士若未生起与五蕴(skandha)对应的五佛形象，就无法与法界合一。观想五佛与五蕴的等同能清净我执[4]。瑜伽士观想自身与金刚持合一，后者一旦将自身投射于此刹那变易之世间，就成为显相，这就是密集或其他来源清净的经论所述的代表其最初"实现"的五佛。

64
十一、护法部组

　　门左右侧三行壁画绘有十二对双身(yab yum)形象(图版 16 – 19)，身色、标识、面容确定他们是怒相天众，似乎可以认为其表现的

---

[1] *Abhidhānottaratantra* [现诵上怛特罗]，第 11 叶，第 40 章：de bzhin gshegs pa thams cad kyi de kho na nyid ni dpal heruka ste，一切如来之真性即为吉祥嘿嚕嘎。
　　译者注：《西藏大藏经总目录》第 369 号。

[2] Cordier II, p. 30, n. 1. *Vajraḍākavivṛtti* [金刚空行释]，bstan 'gyur [丹珠尔]，释怛特罗部(rgyud 'grel)，ta 函，第 105 叶。
　　译者注：全称为 *Vajraḍākanāmamahātantrarājavivṛti* (*rgyud kyi rgyal po dpal rdo rje mkha' 'gro zhes bya ba'i rnam par bshad pa*) [怛特罗王吉祥金刚空行释]，《西藏大藏经总目录》第 1415 号。

[3] 参见 Cordier II, p. 262, n. 4。*Vajramaṇḍalālaṅkārapañjikā* [金刚心庄严难处释]，bstan 'gyur [丹珠尔]，释怛特罗部(rgyud 'grel)，li 函。引自附录(四)藏文论书第 10 号：bcom ldan 'das dpal 'khor lo sdom pa'i spyi bshad theg mchog bdud rtsi'i dga' ston ye shes chen po'i sman mchog [世尊吉祥总摄轮总述·殊胜乘甘露喜宴大智良药]，第 16 叶。
　　译者注：全称为 *Vajramaṇḍalālaṅkāramahātantrapañjikā* (*dpal rdo rje snying po'i rgyan gyi rgyud chen po'i dka' 'grel*) [吉祥金刚心庄严大怛特罗难处释]，《西藏大藏经总目录》第 2515 号。

[4] 参见《梵天佛地》第三卷，第一册，第 107 页往后。

是密集仪式圆满之际为守护清净曼荼罗而召请的十五护境(kṣetrapāla)怒相天众中的一部分。对他们的观想与召请构成了与该怛特罗相关的仪轨的特定阶段。所有这些天众组成了护轮(rakṣācakra, srung ba'i 'khor lo)，如前所述，其目的在于消除引发大乐神通的仪式中的违缘障碍，不仅是外障，更主要是内障，即障碍染污仪式清净氛围、源自心识深处的贪欲烦恼习气。然而，只要将仪轨论书中对该部组的描述与扎布让殿内壁画相较，就会发现二者无任何共通之处，即使天众的名号亦各有差异，除了一个例外：金刚时(rdo rje dus)。此种差异一目了然，因为扎布让壁画均伴之有给出天众尊号的简短榜题，他们是：金刚萨埵(rdo sems[1])、金刚药叉(rdo rje gnod sbyin)、金刚大力(rdo rje stobs po che)、金刚时(rdo rje dus)、金刚怖畏(rdo rje 'jigs byed)、地下金刚(rdo rje sa 'og)、金刚顶髻(rdo rje gtsug tor)、金刚作吽(hūṃ mdzad)、金刚日(rdo rje nyi ma)、金刚常(rdo rje rtag pa)。最后两身天众名字不见于照片，但如上所述，如果不知道这些天众既定的部组、不能将其与赋予他们内涵和密意的仪轨或仪轨的特定阶段成功对应，就算知道这些天众的名字也无甚裨益。第七世达赖喇嘛洛桑格桑嘉措(blo bzang bskal bzang rgya mtsho)的 རྒྱུད་སྡེ་ནས་གསུངས་པའི་ལྷ་ཚོགས་དུ་མའི་སྒྲུབ་ཐབས་ཀྱི་རིམ་པ་ཕྱོགས་གཅིག་ཏུ་བཀོད་པ་ཕན་བདེའི་འདོད་དགུར་སྟེར་བ་ཡོངས་འདུའི་འཁྲི་ཤིང་། *rgyud sde nas gsungs pa'i lha tshogs du ma'i sgrub thabs kyi rim pa phyogs gcig tu bkod pa phan bde'i 'dod dgu ster ba yongs 'du'i 'khri shing* [怛特罗中所述诸天众成就法次第集·给予利乐诸欲之毕集藤树]中有一章专述世尊总摄轮护轮(bcom ldan 'das 'khor lo sdom pa'i bsrung 'khor)[2]，内中对总摄轮(Cakrasaṃvara)部众的描述与胜乐殿壁画完全一致。但该部组并非圆满密集仪式的护轮，而是作为嘿噜嘎(Heruka)的化现，表现于殿内曼荼罗中央的总摄轮的护轮。该部组有两位中心天众，即金刚萨埵(Vajrasattva)和金刚作吽(Vajrahūṃkāra)，它们是同一本尊的静怒相两身化现，伴之以十位怒相天众。

65

---

〔1〕　通常是 rdo rje sems dpa' 的缩写。
〔2〕　第22叶。

我已数次提及如何理解这些怒相天众,此不赘述,谨请参阅附录(三),它是根据七世达赖喇嘛的论书所作的该部组及其图像学描述的纲要。

十二、十 空 行 母

现在只剩下左右壁的中央形象:他们是似乎正在跳着阴森舞蹈的怖畏双身天众。他们以骷髅和人头鬘为颈饰,挥动武器,手持颅器,脚踏因其致命压力而变形的小人像。此处我们面对的也是特定的部组。因为每尊像都有标其名号的榜题,故而很容易辨认。他们是十空行(ḍāka, mkha' 'gro),具体而言,左壁为:誓言空行(dam tshig gi mkha' 'gro,图版 20)、身空行(sku yi mkha' 'gro,图版 21)、意空行(thugs kyi mkha' 'gro,未能拍照)、语空行(gsung gi mkha' 'gro,图版 22)、大乐空行(bde chen mkha' 'gro,图版 23);右壁为:宝空行(rin chen mkha' 'gro,图版 24)、佛空行(sangs rgyas mkha' 'gro,图版 25)、金刚空行(rdo rje mkha' 'gro,图版 26)、莲花空行(pad ma mkha' 'gro,图版 27)、诸种空行(sna tshogs mkha' 'gro,未能拍照)。

但就算如此,只知其名号依然不够,对天众的比定不仅限于知其尊号。

在对曼荼罗有精确描述的经论中我确实未曾发现能让我想起扎布让壁画的。我绝不敢说已然涉猎了浩如烟海的印藏所有相关文献,何况由于民众甚信经论有加持力而不愿出手放弃,这些仪轨论书极难求取。

另外,不应忘记,后来通行于藏地的胜乐仪轨只是印藏怛特罗众多传规中的一支。

要记住,今天藏地所用的大部仪轨论书业已经宗喀巴及其教派整肃,他们一统仪轨,并常常将早期诸译师上师传入而不再使用的传规部组逐渐置于次要地位。

甚至建造这些寺院的古格诸王属于何派也是扑朔迷离。佛教后弘期的大德仁钦桑波确实被归于噶当派(bka' gdams pa),因此可推测古格诸王也追随这一传承。然而噶当派本身就包含诸多支系，犹如印度分崩离析的大乘佛教中教派林立在藏地的反映。噶当派以其精深义理和严持戒律而与宁玛派(rnying ma pa)形成对比，代表了教法和思想的新的确立。因此，严格说，古格王国尚没有后来在卫藏出现的那种教派分野，而只是一些缘于某位印度善知识或弘法雪域的藏地上师、兄弟般并存的传规(lugs srol)。

　　在噶当派传统中作为英雄而名闻佛教史的降秋沃(byang chub 'od)即使在宁玛派中也并非无闻，后者说他是某一特殊仪轨——或许是苯教的——的引介者[1]；以莲花生为榜样，他并未完全摒弃早期的本土信仰，而是尽力将其容纳入他强力护持的佛教中。

　　然而，尽管目前我不能确定壁画中十空行母(ḍākinī)所意欲表现的部组，但可以肯定胜乐部组的各种仪轨论书中均提到过空行母。空行母在印度的历史悠久，我在别处曾简略提及[2]，但将来有必要以更新更丰富的资料对其再行讨论。此处我们面对的仍然是身形介于人和动物之间、飞翔于空中的众天女，她们是古代部落崇拜的遗产，是印度尤其是其边界地区远古种族宗教背景的留存。佛教的天众世界接纳了她们，并将其转形为瑜伽士观修次第中证境的象征；或是使本尊在变易世间生起、显形的力量象征；或是作用于禅观者心识深处的同一力量的内在显相。一旦悟到其中密意，她们就能成为解脱之方便，也就是说，她们能成为驶向出生万法又融摄万法的清净本识之舟筏。总之，她们等同于真言乘的明妃，以及湿婆派尤其是性力派(śākta)中的明妃众。

　　扎布让的十空行母可以通过金刚乘常见的配列而分成几类：

　　首先是与本册前部分已提及的五部类似的五身：

[1]　例如 rin chen gter mdzod [大宝伏藏]，nyi 函保存的 lha btsun byang chub 'od kyi mon bu pu tra ming sring gi sgrub thabs kha bkol ma'i gzhung lde ba [拉尊降秋沃之门布跋陀罗兄妹成就法·柱间经典]。

[2]　G. Tucci, "Animadversiones Indicae", Journal and Proceedings of the Asiatic Society of Bengal, 26, 1930, pp. 125 – 160 [G. Tucci, "Animadversiones Indicae", in G. Tucci, Opera Minora, Roma, G. Bardi Editore, 1971, parte I, pp. 195 – 229]。

68

69

佛空行母(sangs rgyas mkha' 'gro ma)　　＝　Buddhaḍākinī

金刚空行母(rdo rje mkha' 'gro ma)　　　＝　Vajraḍākinī

宝空行母(rin chen mkha' 'gro ma)　　　＝　Ratnaḍākinī

莲花空行母(pad ma mkha' 'gro ma)　　　＝　Padmaḍākinī

诸种空行母(sna tshogs mkha' 'gro ma)　＝　羯磨空行母(las kyi mkha' 'gro ma)＝Karmaḍākinī

这些空行母是观想之要缘，新密之轴心；她们使教证成为内证现观，而不再是单纯的名相，因此能当下从有为之世脱身至无为之境。

首先，她们分别对应于无明(avidyā, ma rig)、嗔(dveṣa, zhe sdang)、慢(māna, nga rgyal)、贪(rāga, 'dod chags)、嫉(īrśyā, phrag dog)，因此代表从障碍禅修者获证真谛的这些烦恼解脱的观想和瑜伽。为了对治相应的烦恼，只要得见她们、即与她们所代表的境界合一就足矣。或者她们代表的是这些烦恼从凡俗世间至修道证境的转化，使它们成为救度之力。这在竹巴噶举('brug pa bka' brgyud)的胜乐仪轨论书 dpal 'khor lo bde mchog mngon dkyil［吉祥胜乐轮现观曼荼罗］中有所论及，其中描述了胜乐十三天曼荼罗成就法。曼荼罗周围有四空行母，即痴(gti mug = Moha = Avidyā)、嫉(phrag dog)、贪('dod chags)、慢(nga rgyal)空行母，缺第五位嗔空行母(zhe sdang)，因为她是中央空行母，是曼荼罗主尊的明妃，正如嗔金刚(Dveṣa, zhe sdang)在 Guhyasamāja［密集］和其他类似传规中是不动佛的本形。

据其他仪轨论书，此种对应关系更为复杂。例如，在宁玛派(rnying ma pa)的论书 chos nyid mkha'i klong mdzod las mkha' 'gro 'dus pa'i skor las dur gcod dngos grub bang mdzod［法性空界藏所出空行会聚断尸成就库藏］中，五空行母受五供，即佛教传统的五蕴：色(rūpa)、识(vijñāna)、受(vedanā)、想(saṃjñā)、行(saṃskāra)。

上述供养是秘密供养，即将自身供养于超越刹那和合人身的相应本尊。

不仅如此，她们还对应于我前册所述的五智，成就五智是金刚乘的必要条件。显然，她们也对应五佛、五色、体内五轮。此身实际上就是世界的象征，内中有世界的生起，而对于成就者而言，世界也融摄其中。

因此,可以确定如下的对应表(表二):

表二

空行母	所供五蕴	相应五智	所除五毒	体内五轮	五佛	五色
佛空行母 (Buddhaḍākinī)	色 (rūpa)	法界体性智 (dharmadhātu)	无明 (avidyā)	卤门	大日如来	白
金刚空行母 (Vajraḍākinī)	识 (vijñāna)	大圆镜智 (ādarśa)	嗔 (dveṣa)	心	不动佛	蓝
宝空行母 (Ratnaḍākinī)	受 (vedanā)	平等性智 (samatā)	慢 (māna)	脐	宝生佛	黄
莲花空行母 (Padmaḍākinī)	想 (saṃjñā)	妙观察智 (pratyavekṣaṇā)	贪 (rāga)	颈	无量光佛	红
羯磨空行母 (Karmaḍākinī)	行 (saṃskāra)	成所作智 (kṛtyānu-ṣṭhāna)[1]	嫉 (īrśya)	命根	不空成就佛	绿

另三位空行母也形成固定的一组,即:

72

意空行母(thugs kyi mkha' 'gro ma)　　＝　Cittaḍākinī

身空行母(sku yi mkha' 'gro ma)　　＝　Kāyaḍākinī

语空行母(gsung gi mkha' 'gro ma)　　＝　Vāgḍākinī

她们代表如上述论书所言身、语、意自性金刚不坏,即超越任何别别显相、无分别的状态。因此,她们意欲表征的是瑜伽士从分别境界提升至以三轮曼荼罗象征的无分别境界。

誓言空行母(Samayaḍākinī, dam tshig mkha' 'gro ma)意味着三昧耶(samaya)之力,这是整个怛特罗仪轨的关键,不悟及此,仪式便只是作法和仪程的无用重复,不会产生任何结果。

她们中至高者为大乐空行母(Mahāsukhaḍākinī, bde chen mkha' 'gro ma),这是整个瑜伽观想的顶点,是证得与法界无二无别的大乐。

---

[1]　译者注:原书写作 kriyānuṣṭhāna。

所有形象均为双身(yab yum)。空行母拥抱呈舞姿的本尊,很容易想到本尊为谁,他就是嘿噜嘎(Heruka),在一些壁画中很容易辨认(图版20－23),因为他为四面、十二臂,手持的正是其化身胜乐的常见标识:左臂最下面的手持梵头(Brahmā)。嘿噜嘎所示现的是通常以轮('khor lo)命名的五种境界,它们是诸法从其本源的次第生起、个体身、语、意(kāya、vāk、citta)、誓言(dam tshig)之力,以及所证大乐(bde chen)。它们与其说是获致的境界,不如说是与证境的合一,这不能靠单纯的心止一处实现,而是通过切实的行为,即为了消除生灭之想而对世界生起所作的胜观实现,这是对我们不得不依其来摆脱轮回、返至清净光明('od gsal)的业力的发动。因此,被想象为嘿噜嘎的这些境界的每一象征都有其相应的空行母,它们是以金刚亥母(Vajravārāhī)的身形象征的至上能力的种种阶段和形相。

我所简要提示的内容包含在同属胜乐部组的一些怛特罗中,尤其包含在由仁钦桑波传入藏地的 *Abhidhānottaratantra*［现诵上怛特罗］中。

我们在前一册研究地狱部组(Nāraka)时已注意到嘿噜嘎的五种身形[1]。

怖畏狞笑、怒舞宝剑的暴恶大忿怒(Caṇḍamahāroṣaṇa,图版28)占据了门道壁面。

十三、三联陶像

殿内古代陈设荡然无存,废墟里唯一保存下来的是一个源于印度或至少是用印度模具制作的三联陶像(图版30)。三像站立于莲花之上:中间表现的是身着袈裟的佛,其左手提起红色衣角置与肩平,右手施与愿印(varadamudrā);两侧有两立像:右侧为莲花手观音(Avalokiteśvara Padmapāṇi),其右手施与愿印、左手齐胸持长茎莲花;左侧为金刚手(Vajrapāṇi),其右手当胸竖持金刚杵,左手置于腿侧。

下部有笈多字体的缘起法颂: ye dharmā...

此三联像堪称印度后笈多艺术的精品。

---

[1] 《梵天佛地》第三卷,第一册,第94－95页。

第二章

金刚怖畏殿

一、佛 殿 概 况

　　城堡下方另有一间小殿,亦已颓败,摇摇欲坠。在一个角落里胡乱堆积着一些破碎折损的塑像;门轴脱落,清净之地任人践踏。正壁有一尊大金刚怖畏(Mahāvajrabhairava, rdo rje 'jigs byed chen po)塑像,其所持标识多已无存(插图3)。四周壁面开始起皮,雨水从天顶裂缝渗入,浸蚀一度覆盖整个墙面的壁画。这不仅对西藏西部艺术史而言是严重损失,因为该殿曾是最富庄严的净地之一;而且对大乘图像学亦然。古格佚名画师表现的恢宏天众队列均有序地伴之以含有天众尊号的简短祈请榜题,对我们比定那些少见而难以辨识的天众裨益甚多。

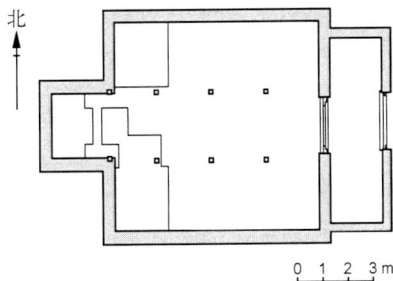

　　该殿习称成就殿(grub thob lha khang),或许缘于某位大成就者曾在此修行,但从正壁塑像和壁画表现的部组而言,该殿供奉的显然是金刚怖畏(Vajrabhairava),因此实际上应称为金刚怖畏殿。没有一处壁面不被画师绘满天众,他们几乎都是怖畏身形。当眼睛逐渐适应神殿的黑暗之际,妖异奇诡的形象就从幽暗中猛然蹦出。这是一个梦魇可怖的世界,仿佛是在恐吓心怀好奇的在此废墟中游逛的少数藏人,或者前往噶大克(sgar thog)而偶尔在此小憩的噶瓦尔(Garhwal)商人。

北

0 1 2 3m

插图3

［参考西藏自治区文物管理委员会编,《古格故城》(上)文物出版社,1991年,第52页,图二十六绘制］

二、金刚怖畏曼荼罗

但这些拥塞于墙面,几近攀至天顶的多彩天众队列并非某位艺术家率性而为的怪异装饰。这不是仅为填补空间的无序的图像集合,而是象征形象的有机组合,表现的是金刚怖畏及其眷属,以及他的化现、他的护法的错综复杂的曼荼罗。金刚怖畏,即阎摩敌大金刚怖畏(Yamāntaka Mahāvajrabhairava, gshin rje gshed rdo rje 'jigs byed chen po)是藏传佛教,尤其是萨迦派(sa skya pa)和格鲁派(dge lugs pa)的本尊之一。金刚怖畏的形象给民众带来某种神圣畏惧,他是法王(chos rgyal),这是对梵文 dharmarāja 一词的翻译。该词本身有两重含义：它可以是依教法治国的人主的称号,佛教中每一护持教法僧团的国王均可冠以此头衔。阿育王(Aśoka)就是一个典型的法王,教法史中所述那些为护持释迦牟尼圣教而不惜身命的历史、传说中的诸王也都是法王。然而法王也是死主,犹如地狱中对亡灵赏善罚恶的阎摩(Yama)。金刚怖畏(rdo rje 'jigs byed)审判亡灵的这种特性构成信众对其敬畏的主因,虽然佛教的业力说将无情绝望的永罚代之以无尽的生死相续,因而其地狱也非如其他宗教般是悲剧性的宿命,但金刚怖畏与恶趣和死亡的联系使其形象染上了怖畏的色彩。

此种恐怖在图像中得到了充分表达,民众的怖畏在此象征形象中完全展现,在恐惧激扰的宗教异想所生发的、将其支离破碎的光影投射于可视形象的最可怖的造物上,梦魇得以显形。没有任何其他形象能如此有效地表达在晚期佛教众多方面占据主导地位、掌控印度宗教大部理念的敬畏之感。

然而,无论该宗教图像的来源如何,可以肯定的是佛教大德通过将其纳入他们的密法传规而对此进行了彻底改造,赋予其在整个大乘修证有机发展框架下的、将金刚怖畏作为最上成就舟筏的象征性诠释。

和胜乐的情况一样,金刚怖畏的密意和仪轨论书可以分为两组：由怛特罗所代表的经以及印藏论书。对于后者,我基于自己手中的文集和散集在附录(四)藏文论书目录中作了一个远非完全的勾略。

三、金 刚 怖 畏

金刚怖畏（Vajrabhairava）其实是文殊（Mañjuśrī）的忿怒相（krodha），也就是以图像表现的文殊成就法曼荼罗的心髓。但围绕他所展开的浩瀚经本可以归结为虽不相同但有密切联系的三组怛特罗：它们或与仪轨相关，或是教授受灌顶者获致与该本尊象征的大乐证境的甚深修法。一组是关于金刚怖畏的 *Śrīvajramahābhairavatantra* ［吉祥大金刚怖畏怛特罗］[1]，以及 *Śrīvajrabhairavakalpatantrarāja* ［吉祥金刚怖畏仪轨怛特罗王］[2]；其次是关于黑阎摩敌（Yamāri）的系列怛特罗：*Sarvatathāgatakāyavākcittakṛṣṇayamārināmatantra* ［一切如来身语意黑阎摩敌怛特罗］[3]、*Yamārikṛṣṇakarmasarvacakrasiddhikaranāmatantrarāja* ［黑阎摩敌轮一切业成就怛特罗王］[4]、*dpal gshin rje gshed nag po'i rgyud rtog pa gsum pa* ［吉祥黑阎摩敌怛特罗第三品］[5]；最后是关于红阎摩敌的 *Śrīraktayamāritantrarāja* ［吉祥红阎摩敌怛特罗王］[6]。所有这些开示——据大乘佛教，怛特罗是佛陀的秘密开示——都紧密相连。根据藏地论师不断重复的共许传统，首次广弘金刚怖畏怛特罗的是嬉金刚（Lalitavajra），他从乌仗那（Uḍḍiyāna, o rgyan）取回了大金刚怖畏怛特罗[7]。

［1］　Beckh, *Verzeichnis*, p. 90, n. 9.
　　　　译者注：《西藏大藏经总目录》第 468 号。
［2］　Beckh, *Verzeichnis*, p. 90, n. 10.
　　　　译者注：《西藏大藏经总目录》第 470 号。
［3］　Beckh, *Verzeichnis*, p. 89, n. 7.
　　　　译者注：《西藏大藏经总目录》第 467 号。
［4］　Beckh, *Verzeichnis*, pp. 89－90, n. 8.
　　　　译者注：《西藏大藏经总目录》第 473 号。
［5］　Beckh, *Verzeichnis*, p. 90, n. 11.
　　　　译者注：《西藏大藏经总目录》第 469 号，经名标为 *dpal gshin rje gshed nag po'i rgyud kyi rgyal po rtog pa gsum pa* ［吉祥黑阎摩敌怛特罗王第三品］。
［6］　Beckh, *Verzeichnis*, p. 90, n. 13.
　　　　译者注：《西藏大藏经总目录》第 474 号。
［7］　附录（四）藏文论书之第 15、16 号如是叙述。

80

这一消息极为重要,它首先有助于我们至少大致确定此怛特罗的年代,因为藏地传统说嬉金刚(Lalitavajra)大约生活在十世纪前后[1]。

其次,它还指明乌仗那,即斯瓦特河谷,是另一密教传承的起点。随着研究的进一步展开,我们可以重构该地区在密教发展中的重要地位,届时我们就可能以更充分的论据研究一个已露其端倪的问题,即怛特罗仪轨或仪式与印度接壤地区信仰间的联系。斯瓦特河谷或多或少地处于印度和中亚的交通要道上,不同文化一定会在此间留下它们邂逅接触的痕迹。所有资料一致认定这里是编定怛特罗文献最活跃的地区之一,其中涌现的众多咒术信仰和古老本土崇拜显然历经改造从而适应了大乘的象征和精神。

因此,如果印度论师前往斯瓦特河谷寻找新的成就法,或者教证如阿底峡(Atīśa)者对其在桑耶寺(bsam yas)所见莲花生携至藏地的大量怛特罗经论集成亦闻所未闻,对此都不必惊异。

围绕着这些含有金刚怖畏及其化现开示的根本经书发展出了广大的成就法,其中详述了观想次第,教授了瑜伽士与本尊所象征的境界和大乐合一的不同修法[2]。

---

[1] 他与那若巴(Nāropā)同为底洛巴(Tilopa)的弟子,参见多罗那它(Tāranātha)的［印度佛教史］。A. Grünwedel (übersetzt von), *Tāranātha's Edelsteinmine, das Buch von den Vermittlern der Sieben Inspirationem*, Petrograd, Imprimerie de l'Académie Impériale des Sciences, 1914, pp. 73, 104.
　　译者注: 汉译参见张建木译,《印度佛教史》,成都: 四川民族出版社,1988 年。

[2] 克珠杰(mkhas grub rje)在 *bcom ldan 'das dpal rdo rje 'jigs byed chen po'i 'phrul 'khor gyi cho ga rtog pa gsum pa'i rgya cher bshad pa khams gsum rnam par rgyal ba'i nyi 'od* ［世尊吉祥大金刚怖畏幻轮仪轨第三品之广释·三界全胜日光］(附录(四)藏文论书第 16 号)中曾简要概括了该本尊的成就法(sādhana)论书,其中所举的部分论书我在 *bstan 'gyur*［丹珠尔］中亦未能发现。例如,嬉金刚(Lalitavajra)的 *lha zhe dgu ma'i sgrub thabs*［四十九天成就法］, *ro langs brgyad sgrub thabs*［八起尸成就法］;吉祥持(dpal 'dzin)的 *dpa' bo'i gcig pa'i sgrub thabs*［独雄成就法］;大不空金刚(Amoghavajra)的八男女阎摩(gshin rje pho brgyad mo brgyad)成就法(藏地称为十七天成就法);吉祥贤(Śrībhadra)以及智作(Jñānākara)的独雄(dpa' bo gcig pa)成就法;智慧文殊('jam dpal ye shes)成就法;文殊('jam dpal dbyangs)的二臂金刚怖畏(Bhairava)成就法;寂静智慧(zhi ba'i ye shes)仪轨(vidhi);还有尼泊尔婆罗(Bhāro)造,热译师(rva lo tsā ba)译一面二臂、一面四臂、三面六臂金刚怖畏成就法。

众多论书通过不同译师(lo tsā ba)从不同地区进入藏地。但谈及译师时,如我在别处所述,他们所引介的不仅是法本的文字,而且通过在印度接受特定灌顶、将此修法传承移植至雪域、继其慧命,他们还是法本的护持者和诠释者。与金刚怖畏及其化现相关的成就法在藏地分为三种主要传规,——均有著名译师为其阐扬。第一是热译师多吉札(rdo rje grags)传规;第二是雪译师沃迥(skyo 'od 'byung)传规,第三为尚(zhang)译师传规[1]。如我们随后要阐述的,三种传规间的差异甚显,主要体现在引导怛特罗开示的圆满成就的整套甚深召请或仪式的次第。

另一方面,宗喀巴及其亲传弟子的论书一直以来被视为极大程度地体现这位大改革家归纳调和倾向的最权威表述。在他的系统化之后,可以说每一抵牾之处都几乎荡然无存。

很清楚,从文献来看,尽管金刚怖畏(rdo rje 'jigs byed)外表恐怖,但却不被视为邪魔之力。在此,必须记住我在讨论护法(dharmapāla),即藏地佛寺入口必不可少的怒相天众时所说的话。金刚怖畏是作为文殊双重自性的静怒(zhi khro)两身的合一[2],但他的忿怒身形有其特殊指向,即摧灭调伏教法及其修法中的一切违缘障碍。因此,他并非邪恶和自为之力,而是无上慈悲的怒相示现,目的是驱除信者解脱道上的一切扰乱。他的这一根本特征以阎曼德迦(Yamāntaka),即 Yama-antaka,"阎摩终结者"之名而得以象征性地表达。阎摩(Yama)代表出自众魔(bdud)的一切邪恶,antaka 则征显着文殊的忿怒威猛(khro drag po)[3]。他的慈悲本性主要体现在身后世界,在此他尽管作为至上审判和冷酷无情的狱卒魔怪之主,但同时也致力

81

82

---

〔1〕 另有聂译师(gnyos lo tsā ba)永丹札(yon tan grags)传规。
〔2〕 附录(四)藏文论书第 15 号:*dpal rdo rje 'jigs byed chen po'i bskyed rim gyi rnam bzhag gsal ba'i btsug rgyan*〔吉祥大金刚怖畏生起次第安立·显耀顶饰〕,第 12 叶。
〔3〕 附录(四)藏文论书第 15 号:*dpal rdo rje 'jigs byed chen po'i bskyed rim gyi rnam bzhag gsal ba'i btsug rgyan*〔吉祥大金刚怖畏生起次第安立·显耀顶饰〕,第 16 叶。

于对恶趣有情的救度[1]。对那些未意识到自身之苦及苦之原因的人、对那些昧于因果不虚之业力法则的人，他应机而现为不同身形，使其意识到自身之苦，提醒他们此苦乃由前世业力牵引，从而加以调伏。由此，恶趣有情将停止对因自身恶业成熟而招致的地狱鬼卒折磨所怀的嗔恚，从而避免积集新业，进行忏悔，加速救度。金刚怖畏因此被视为救度本尊，如金刚手(Vajrapāṇi)一样是另一护持教法者。他与金刚手还有一些其他共通元素，不仅因其与众魔战斗而胜伏，而且他所胜伏的魔主亦相同。我已经提到过大乘佛教与湿婆教之间的敌对在怛特罗文献与图像中留下的印记。统御魔界、反对佛法驻世的是三界之主大自在天(Maheśvara)。金刚手或阎曼德迦与大自在天的战斗影射了佛教与印度教之间的敌对。印度教及其神祇以其至上神的身形体现，而佛教通过想象大自在天与其妃乌摩(Umā)被踩在护教者的脚下来强调自己在战斗中的优势。

传说和图像中投射的是一种于完胜对手的剧战前夜所滋养出的期望，鸿沟掘出、无法弥合、越来越深，将怛特罗佛教的最后余绪从印度教团中分离出来。尼泊尔人婆罗(Bhāro)所总结的传说(vṛttānta, gtam rgyud)因被插入 bka' 'gyur［甘珠尔］而获得了极大的权威[2]，其中述及：

> 大自在天和乌摩之子六面童天与阿修罗王楼陀罗二者于赡洲争斗，楼陀罗胜利而六面童天战败。彼时大自在天住于须弥山间阿修罗住处，知悉己子于赡洲战败，其为欲界之大，力势自在，率领三十三天军众、地上八病及八邪魔军，打败阿修罗王楼陀罗。彼时楼陀罗求避于圣文殊，文

---

[1] 附录（四）藏文论书第 15 号：*dpal rdo rje 'jigs byed chen po'i bskyed rim gyi rnam bzhag gsal ba'i btsug rgyan*［吉祥大金刚怖畏生起次第安立·显耀顶饰］，第 14 叶。

[2] 译者注：参考《西藏大藏经总目录》第 471 号：*gtam rgyud kyi rtog pa*［传说品］。

殊为对治三十三天化现出三十四臂,为对治地下阿修罗骑
众化现出水牛面,为对治地上八病及八邪魔化现出十六
足,为对治大自在天示现直立之男根,而后宣说金刚怖畏
十万怛特罗。[1]

　　这显然是一个意在阐释金刚怖畏图像的起源神话,但它泄露了
一种对湿婆派的明确的敌对。

　　后来密意越来越占优势:金刚怖畏(Vajrabhairava)成为以瑜伽
真言而得度之道的象征。他是阎曼德迦(Yama-antaka),此双名对应
怛特罗修行精髓中的一系列偶对:父与母、方便与智慧、日与月[2]、
左脉(iḍā)和右脉(piṅgalā),左和右,辅音(kāli)和元音(āli)。阎曼德
迦是这一漫长进程中的顶点,是与至上成就无法言诠的无二合一,
此种成就在两脉及其脉风融入中脉(suṣumnā)[3]、克证空性大悲无
别菩提心[4]、明空无二大乐之征相出现[5],光明('od gsal)流溢之
际获致。亦即他如不动佛和嘿噜嘎(Heruka)一样,成为第一义谛之
象征[6]。

　　接下来我们开始描述阐释小殿里的图像部组。

---

〔1〕　附录(四)藏文论书第 15 号: *dpal rdo rje 'jigs byed chen po'i bskyed rim
gyi rnam bzhag gsal ba'i btsug rgyan*[吉祥大金刚怖畏生起次第安立·显
耀顶饰],第 4 叶背面。

〔2〕　据赫塔瑜伽(Haṭhayoga)之意。

〔3〕　译者注:原书写作 umā。

〔4〕　stong pa nyid dang snying rje dbyer med pa'i byang chub sems,附录
(四)藏文论书第 16 号: *bcom ldan 'das dpal rdo rje 'jigs byed chen po'i
'phrul 'khor gyi cho ga rtog pa gsum pa'i rgya cher bshad pa khams gsum
rnam par rgyal ba'i nyi 'od*[世尊吉祥大金刚怖畏幻轮仪轨第三品之广
释·三界全胜日光],第 106 叶背面。

〔5〕　附录(四)藏文论书第 15 号: *dpal rdo rje 'jigs byed chen po'i bskyed rim
gyi rnam bzhag gsal ba'i btsug rgyan*[吉祥大金刚怖畏生起次第安立·显
耀顶饰],第 17 叶。

〔6〕　附录(四)藏文论书第 10 号: *bcom ldan 'das dpal 'khor lo sdom pa'i spyi
bshad theg mchog bdud rtsi'i dga' ston ye shes chen po'i sman mchog*[世尊
吉祥总摄轮总述·殊胜乘甘露喜宴大智良药]。

85

四、扎布让所表现的曼荼罗

主像为泥塑[1]，与成就法仪轨论书所述金刚怖畏(Vajrabhairava)通常的样式一致。许多标识已告阙如，一些手臂也已残毁，但残存部分仍可确证塑像与传统图像样式之切合。

> 大金刚怖畏身深蓝色;九面;三十四臂;十六足,展左足,曲右足;能吞咽三界;发出哈哈之笑声;卷舌、咬牙、颦眉;眼睛眉毛如劫尽之火;发黄直立;威吓色无色界天众,亦使诸怖畏天众感到怖畏;发出 phaṭa 之雷音;吞吃人血、肉、髓、脂;头戴五骷髅冠,以十五颗人头鬘为饰;以黑蛇为络腋;耳铛等为人骨所成;大腹、赤体;男根竖立;睫毛、眼皮、胡子、身毛皆如劫尽之火;主面为暴怒、有角之水牛;两角间有一黄面。

86

> 发髻上竖,表征与五智同体;因驱魔而现怒相;十六足象征十六空[2];赤体象征诸法无生;男根竖立象征与大乐同体;三十四臂象征三十四道品;除灭无明而持刀;因无我见法见而持矛槊[3];杵象征一心;因灭除罪障而持钺刀;刺棒象征调伏身语[4];因灭除邪思而持斧;因灭除邪见而持矛;因凿穿妄见而持箭;因牵引而持钩;因灭除业障而持棍;因其自性与菩提心一致而持天杖;因转法轮而持轮;因

---

[1] G. Tucci ed E. Ghersi, *Cronaca della missione scientifica Tucci*, p. 343, fig. 250.

[2] 有关诸空,参见《梵天佛地》第三卷,第一册,第38页,以及 E. Obermiller, "A Study of the Twenty Aspects of śūnyatā (Based on Haribhadra's *Abhisamayālaṃkāra-ālokā* and the *Pañcaviṃ Śatisāhasrikā-prajñāpāramitā-sūtra*)", *The Indian Historical Quarterly*, 9, 1933, pp. 170–187.

[3] bhindipāla,论书写作 bhiṭipala, bhi ṭi pa la ni mdung thung gi rnam pa can rtse mo la chags pa'i rma bya'i sgro mdongs can no,矛槊是一种短矛,顶饰孔雀翎毛。附录(四)藏文论书第15号: *dpal rdo rje 'jigs byed chen po'i bskyed rim gyi rnam bzhag gsal ba'i btsug rgyan* [吉祥大金刚怖畏生起次第安立·显耀顶饰],第101叶。

[4] 论书写作单杵金刚(rdo rje rtse gcig)。

与第五智一体而持金刚杵;因灭除悭贪而持锤;因能给予
宝剑成就等各种成就而持剑;因以大乐表征其劝诫一切如
来而持鼗鼓;因催请奉行律仪而持盛满鲜血之颅器;以大
悲成办众生义利而持梵头;因战胜众魔而持盾;足象征其
给予瑜伽士如佛之地位;因绑定般若而持羂索;因胜伏三
界而持弓;为了知诸法空性而持肠;铃象征与般若同体;手
象征其能成办诸事;尸林碎布象征除灭障碍我们认识诸法
无自性的无明暗障;穿于柱上之人象征对诸法无自性想的
悟入;(三角形)火灶象征清净光明;鲜人头象征其充满大
悲之甘露;以期剋印威吓诸魔;三叉戟象征身语意同体;飘
动的布片象征诸法如幻;足踏有情象征由其所得之神通。

可以说,金刚怖畏(Vajrabhairava)的此一身形是该殿墙上展开
的图像系列的中心。由于该身形缺乏他的其他化现通常都有的明
妃,因此称为独雄(ekavīra, dpa' bo gcig pa),该名字在湿婆派的诸种
怛特罗中亦有发现,它征显着本性的一种特殊情状,其无分别的状
态超越了能显其潜藏诸法的无尽明妃部组(kula)的相续[1]。金刚
怖畏脚踏湿婆,尽管湿婆派与衰落中的佛教的思辨并无多大差异,
尤其在怛特罗方面。

不难说出占据墙壁主位、伴之有眷属队列的双身天众为谁,因
为每一形象都有含有其名号的祈请榜题。因此,这一绘画序列组成
了一个确定部组,它是印藏怛特罗仪轨以图示象征表达的金刚怖畏
成就法的曼荼罗之一,此十三天曼荼罗给藏地论师带来了特别的难
题,因为某些传规不承许它是瑜伽士与金刚怖畏代表的境界合一的观
修次第的准确表现;另一些论师则否认主尊应示现为双身(yab yum),
而宣称其应该示现为独雄(ekavīra)。

―――――――――

[1]　即这些学派中的独雄(ekavīra)对应于湿婆派的无部雄(akulavīra),湿婆
　　(Śiva)被想象成释放其自身能量游戏以前的无法能诠的绝对,他自在自
　　为,是幻(māyā)之母型又超越幻。P. C. Bagchi (edited by), *Kaulajñāna-
　　nirṇaya and Some Minor Texts of the School of Matsyendranātha*, Calcutta,
　　Metropolitan Printing and Publishing House, 1934.

两种说法都有其支持者,但他们的观点都未占据主导,尤其在宗喀巴及其弟子编定仪轨之后。弟子之一克珠杰(mkhas grub rje)撰写了一部带有明显论争性的有关金刚怖畏的系统论书,其中他坚持双身金刚怖畏十三天曼荼罗的完全正统性。

无论如何,此十三天曼荼罗的配列极为清楚有序。它包括主尊、作为附属元素已经包括在 *Guhysamāja*［密集］仪轨中的八除尽(antaka),以及杂孜噶(Carcikā)等四天女。他们的配列总结如下:

整个绘画序列中心表现的是拥明妃的金刚怖畏(图版34),通过榜题很容易辨别:rdo rje 'jigs byed yab yum la na mo,顶礼双身金刚怖畏!其图像样式与塑像相同,唯一不同的是有明妃金刚起尸女(Vajravetālī, rdo rje ro langs ma),据传统经论,明妃为蓝色,一面、两臂,呈微怒之相,其标识为:右手持有金刚标识之钺刀,左手持盛满鲜血之颅器,头戴五骷髅冠,十五头骨为鬘,以密教双身式紧抱着"父"。

东院为痴阎摩敌(Mohayamāntaka, gti mug gshin rje gshed,图版31),双身,白色,三面:主面白、右面蓝、左面红;饰有常见的阴森恐怖的饰物;六臂:主臂拥明妃,持钺刀、颅器;余右手持轮、剑,左手持宝、莲花。所拥明妃与其相同。

南院为悭阎摩敌(Mātsarayamāntaka, ser sna gshin rje gshed,图版32),双身,黄色,三面:主面黄、右面蓝、左面白;六臂:主臂持钺刀、颅器;余右手持宝、剑,左手持轮、莲花。所拥明妃与其相同。

西院为贪阎摩敌(Rāgayamāntaka, 'dod chags gshin rje gshed,图版33),双身,红色,三面:主面红、余两面蓝、白;标识:主臂同于前像;余右手持莲花、剑,左手持宝、轮。明妃与之同。

北院为妒金刚阎摩敌(Īrṣyāvajrayamāntaka, phra dog rdo rje gshin rje gshed,图版29),双身,绿色,三面:主面绿、余两面蓝、白;六臂:主臂标识与前同;余右手持轮、剑,左手持宝、莲花。

接下来,曼荼罗东门为锤阎摩敌(Mudgarayamāntaka, tho ba gshin rje gshed),双身,蓝色,三面:主面蓝、右面白、左面红;标识:主臂与前同;余右手持蓝锤、剑,左手持宝、莲花。

南门为杖阎摩敌(Daṇḍayamāntaka, dbyug pa gshin rje gshed,图版35),双身,白色,三面:主面白、余两面蓝、红;六臂:主臂与前同;

余右手持杖、剑,左手持莲花、轮。

西门为莲花阎摩敌(Padmayamāntaka, pad ma gshin rje gshed),双身,红色,三面: 主面红,余两面蓝、白;六臂: 主臂与前同;余右手持莲花、剑,左手持轮、宝。

北门为剑阎摩敌(Khaḍgayamāntaka, ral gri gshin rje gshed,图版36),双身,绿色,三面: 主面绿,余两面蓝、白;六臂: 主臂与前同;余右手持剑、轮,左手持宝、莲花。

明妃身色、标识同于各自所拥本尊。

东南院为杂孜噶天女(Carcikā, tsa rtsi ka),白色,极其纤瘦,怒相;三面: 主面白,余两面蓝、红;六臂: 主臂持钺刀、颅器,所拥本尊与其相同;余右手持轮、剑,左手持宝、莲花。壁画破损严重,无法拍照。

西南院为亥母(Vārāhī, phag mo,图版37),蓝色,三面: 主面蓝,余两面白、红;六臂: 主臂标识与前同;余右手持金刚杵、剑,左手持轮、莲花。

西北院为妙音天女(Sarasvatī, dbyangs can ma[1],图版38),红色,静相,三面: 主面红,余两面蓝、白;六臂: 主臂与前同;余右手持莲花、剑,左手持宝、轮。

东北院是科日天女(Gaurī),绿色,三面: 主面绿,余两面蓝、白;六臂: 主臂与前同;余右手持剑、轮,左手持宝、莲花。但扎布让榜题将此天女称为绿度母(Śyāmā Tārā, sgrol ma ljang khu)。

诸天女所拥本尊与其相同,除了亥母(phag mo),其所拥本尊非为亥面。

这样,十三位天众构成了大金刚怖畏的诸多曼荼罗之一,以通名十三天曼荼罗而著称。

五、附　属　天　众

十三天众上下的小空间、殿门两侧、内殿侧壁和正壁遍覆多彩的诸忿怒天众,较其他形象为小,紧密相连,彼此间无明显联系;各

---

〔1〕　译者注: 原书写作 Raktasarasvatī, dbyangs can ma dmar mo。

像绕有火焰纹背光,以动物或人尸为骑乘,持有怪异之武器。在此惊怖的队众中,藏地瑜伽士的心识以可怖的形象映射出了自身,召请仪式中所现之境被译介成图像程式,一旦悟解其中奥义,受灌顶者就能开启通往本识之中未经探索的深渊之门,赋予其底部暗流涌动的混沌之力以名与形。

在试图整理遍覆全殿的天众队列、确立其是否为特定部组、是否与金刚怖畏曼荼罗有关之前,最好给出与各天众相伴的榜题名号,这有助于对其进行比定。

具鸦面(bya rog dong[1] can,图版60)、具饰智慧怙主(ye shes kyi mgon po brgyan can,图版61)、迅疾怙主(myur mdzad mgon po phyin kha,图版62)、热玛提(Rematī,图版63)、吉祥四臂怙主(dpal mgon phyag bzhi,图版64)、马头明王(rta mgrin)、金刚手(phyag na rdo rje)、东方白阎摩(shar du gshin rje dkar po,图版59)、北方蓝阎摩(byang gi gshin rje sngon po,图版59)、西方红阎摩(nub kyi gshin rje dmar po,图版58)、南方黄阎摩(lhor gshin rje ser po,图版58)、美孜明王(khro rgyal smre rtsegs,图版65)。

飞翔于炽燃火焰中的天众名号往往难以卒读:图版52-55:烧女(sreg ma)、入女('bebs ma)、鬼蜮女(dam sri ma nag mo)、夏嘎罗哩(sha ka ra li)、恰桑(phyag sangs)、众戏女(rol pa tshar dgu ma)、黑女使(pho nya mo nag mo)、杀女(gsod ma)[2]、时夜女(dus mtshan ma)、时索女(dus zhags ma)。

图版56:观音(spyan ras gzigs)、军咒女王(dmag zor rgyal ma)[3];

图版57:智慧空行母(ye shes kyi mkha' 'gro ma)、具抖怙主(mgon po gzag ldan)、阎摩敌(gshin rje gshed)[4];

图版39:阎摩(gshin rje)、火天(me lha)、帝释天(brgya byin)、梵天(tshangs pa);

---

〔1〕　应为 gdong。

〔2〕　译者注:原书写作 bsod ma,或许为 gsod ma 之误写。

〔3〕　译者注:图版中还可见金刚手(phyag na rdo rje)。

〔4〕　译者注:图版中只见两身双身天众。

图版40：罗刹(srin po)、阎摩(gshin rje)、火天(me lha)[1]；

图版41：自在天(dbang ldan)、药叉(gnod sbyin)、风天(rlung lha)、水天(chu lha)；

图版42：帝释天(brgya byin)、近王(nye dbang)、阎摩(gshin rje)、水天(chu lha)；

图版43：罗刹(srin po)、风天(rlung lha)、火天(me lha)；

图版44：丑身(lus ngan)、群主(tshogs bdag)、自在天(dbang ldan)；

图版45：不动明王(mi g.yo ba)、黑瞻巴拉(dzam bha la nag po)、黄瞻巴拉(dzam bha la ser po)；

图版46：多闻(rnam sras)、广目(mig mi bzang)、增长('phags skyes po)、持国(yul 'khor srung)；

图版47：大轮('khor lo chen po)；

图版48：红阎摩敌(gshed dmar)；

图版49：黑阎摩敌(dgra nag)；

图版50：秘密成就马头明王(rta mgrin gsang grub)；

图版51：时轮金刚(dus kyi 'khor lo)。

将此列表与金刚怖畏(Vajrabhairava)诸仪轨论书中所摘取的天众名录相较，可以看出该殿画师并未参照任何与金刚怖畏或阎摩敌成就法有关的仪轨论书，至少对我目前所寓目的经论而言是如此；也不排除有一个与该殿所示雷同的曼荼罗，其曾属于今已湮没无闻的众多传规中的一支；也有可能是，除了那些与金刚怖畏曼荼罗有关的天众，佚名画师在所有剩余空间均绘制以本性相似的天众，以其忿怒化现和降魔功能来驱除违缘障碍，这甚至可以从这些形象的排列方式看出来：他们时而一个挨一个，时而互相叠压、非对称排列，无视通常的曼荼罗构成所应呈现的回环、直行、十字的排列。

但起码有部分形象与金刚怖畏部组有关，她们更像特定的鬼怪组合而非天众，在藏地以护法神(bstan srung ma)闻名，据某些仪轨，她们并非与金刚怖畏无关。

[1]　译者注：图版40中的阎摩(gshin rje)、火天(me lha)在图版39中已经出现。

95 至少部分容易比定的第一组是八方隅护方神(phyogs skyong)，如我们讨论八大尸林时所述，他们可能是八位；或据别的名录则是十位或十五位[1]；而在某些仪轨论书中其数量会因护方神左右各有两身胁侍而成倍增多，即$3 \times 8 = 24$[2]。

但在扎布让佛殿中天众名录似乎有所重复，从上面所列可以看出许多名号出现了两次，尽管其图像各不相同（图版41 - 44）。这可以从我们注意到仪轨论书中相似部类的天众名号往往重复出现而得以解释，如上述隆多喇嘛(klong rdol bla ma)短论中的八护方神、八大天(Mahādeva, lha chen brgyad)、世间八大天('jig rten pa'i lha chen brgyad)。

属于同样的护法(bstan srung ma)部众的是四方阎摩(Yama, gshin rje，图版58、59)，隆多喇嘛的论书对其亦有记载，但是没有给96 出详细的图像描述。他们不仅护持四方，同时也是怛特罗仪轨中频繁述及的息、增、怀、诛(zhi rgyas dbang drag) 四业本尊[3]。

在壁画中我们还发现了一位在护法(bstan srung ma)部众中从未缺席的护法神，即四臂怙主(mgon po，图版64)，其图像与隆多喇嘛所述一致[4]：右手持钺刀，左手持盛满鲜血之颅器，余两手持剑、三叉戟。也不缺具鸦面(bya rog gdong can，图版60)，其右手持钺刀，左手持颅器。还有两身空行母(dākinī)，她们是该部众的主角，即

---

〔1〕 隆多喇嘛(klong rdol bla ma) 的 *bstan srung dam can rgya mtsho'i ming gi grangs* ［具誓护法海之名录］，*klong rdol bla ma'i gsung 'bum* ［隆多喇嘛文集］，pa 册，第 10 叶背面。

〔2〕 例如 Cordier II, p. 175, n. 92. *Śrīvajrabhairavamaṇḍalavidhiprakāśanāma* ［吉祥金刚怖畏曼荼罗仪轨明］，*bstan 'gyur* ［丹珠尔］，释怛特罗部(rgyud 'grel)，pi 函，第 329 叶。
译者注：参见 *Vajrabhairavavajraprakāśasādhana* (*dpal rdo rje 'jigs byed kyi sgrub pa'i thabs rdo rje'i 'od*) ［吉祥金刚怖畏成就法·金刚光］，《西藏大藏经总目录》第 2013 号。

〔3〕 隆多喇嘛(klong rdol bla ma) 的 *bstan srung dam can rgya mtsho'i ming gi grangs* ［具誓护法海之名录］，*klong rdol bla ma'i gsung 'bum* ［隆多喇嘛文集］，pa 册，第 2 叶。

〔4〕 隆多喇嘛(klong rdol bla ma) 的 *bstan srung dam can rgya mtsho'i ming gi grangs* ［具誓护法海之名录］，*klong rdol bla ma'i gsung 'bum* ［隆多喇嘛文集］，pa 册，第 3 叶。

热玛提(Rematī)和军咒女(dmag zor ma)。

六、热玛提在印度和藏地

骑骡子的热玛提（Rematī,图版 63）表现的是识境之密相
(gsang ba),即在至上禅观中才能获致的本髓,其在外显仪式中以
瑜伽女(rnal 'byor ma)身形示现,在秘密内观中则化现为赞扎利
(Caṇḍālī)。

据一些论书描述,她应为深蓝色,四臂,持四标识：剑、金刚橛
(phur pa)、镜、蛇索[1]；或如其他论书所述,右手持天杖(khaṭvāṅga)、
快刀,左手持镜、蛇索[2]。

热玛提(Rematī)是热瓦提(Revatī)的讹写[3],她在印度妖魔世
界里是一个专门祸害儿童的女妖。据印度最著名的儿科著作之一
Kumāratantra［童子怛特罗］[4],她在小儿初生后第七日、第七月和
第七岁肆虐妖氛,在孩子身上惹起寒热高烧。尽管［童子怛特罗］称
她为干枯热瓦提(Śuṣkarevatī),而 *Aṣṭāṅgahṛdaya(saṃhitā)*［八支心

[97]

---

[1]　如宁玛派一些仪轨论书所述, 如 *bka' srung ma chen po sgrub pa'i phrin las*
　　　［大护法成就功业］, *rin chen gter mdzod*［大宝伏藏］, nyi 函,第 2 叶。

[2]　*dpal ldan rang 'byung rgyal mo'i skor las ma mo srog sgrub gi gzungs*［具
　　　瑞自生女王所出本母护命陀罗尼］, *rin chen gter mdzod*［大宝伏藏］, nyi
　　　函,第 3 叶。

[3]　格伦威德尔曾对此天女稍有提示,他称其为 Rimatī,并认为该名字是对梵
　　　文 Pārvatī（雪山女神）的藏译。此说有误,首先天女的名字是 Rematī 而非
　　　Rimatī；其次,无法解释藏译后缀-tī 的构成。A. Grünwedel, *Mythologie
　　　des Buddhismus*, p. 66.

[4]　最近有菲利奥札对 *Kumāratantra*［童子怛特罗］的研究。J. Filliozat, "Le
　　　Kumāratantra de Rāvaṇa", *Journal Asiatique*, 226, 1935, pp. 1–66. 但该
　　　文漏提了可证明论书古老性的重要信息,即因啰嚩拏(Rāvaṇa)所述而
　　　常常称之为 *Rāvaṇa-Kumāratantra*［啰嚩拏童子怛特罗］的该论书是汉
　　　译大藏经中极少数的医学著作之一。Bunyiu Nanjio, *A Catalogue of the
　　　Chinese Translation of the Buddhist Tripitaka the Sacred Canon of the
　　　Buddhists in China and Japan*, Oxford, Clarendon Press, 1883, col. 200,
　　　n. 882.《啰嚩拏说救疗小儿疾病经》,《大正藏》第 21 册,经号 1330。

髓集]则将其分为热瓦提和干枯热瓦提两种身形[1]，但两者显然无甚差别。干枯热瓦提并非意味着"干瘪的热瓦提"而是指"使身体干枯者"，小儿一旦由她所执，即变得浑身枯槁、头发脱落、不思饮食、声音微弱。但由于一切民族的妖魔世界所常见的因果颠倒，热瓦提也呈现为形容枯槁、骨瘦如柴的样子，如同扎布让壁画中所见，她是一位干瘪形坏的老姬，使人想起遮文荼（Cāmuṇḍā）的次要身形安忍女（Kṣamā）。或许此种比照并无不妥，因为热瓦提与遮文荼或其他大天母同化融合的例子不在少数，后者融会了无尽的冥界女神，她们尽其极至，时为丰灾之神，时为生死之神，是世界相续的不可分离的对立两极[2]。但几乎所有印度古老女神都历经的融合并未让该女妖失却原有的使小儿病羸的性质。作为使人罹病的鬼曜（graha），她在 *Mahābhārata*［摩诃婆罗多］中已经出现，其中说到她与其他天母一起从塞建陀（Skandha）身上化出[3]。

热瓦提（Revatī）还是印度天文中的诸宿（nakṣatra）之一，但我认为这与热瓦提女妖没有任何明确联系。因为根据占星术，在热瓦提之际出生能招致父母不祥或横死，而生者本人则被认为身心皆具福德[4]。

至于军咒女（dmag zor ma），据噶当派（bka' gdams pa）仪轨论书她应是十二度母（Tārā）之首，至少隆多喇嘛是这么说的。尽管壁画中热瓦提（Revatī）和军咒女并不相像，但二者在晚期传统中已经融合。洛桑曲吉坚赞（blo bzang chos kyi rgyal mtshan）在其有关军咒女的详论中也将二者视为一体[5]。在整个仪轨论书中他都将二者冠

---

〔1〕 后分处（Uttarasthāna）第三品，3 和 27 – 29。但 *Suśrutasaṃhitā*［善闻集］只提到了热瓦提（Revatī）。*Kumāratantra*［童子怛特罗］中的干枯热瓦提（Śuṣkarevatī）在汉译中仅简称为哩嚩帝（Revatī），并且处于第三位而非梵文本中的第七位。

〔2〕 热瓦提（Revatī）和遮文荼（Cāmuṇḍā）的融合在 *Kathāsaritsāgara*［故事海］LIII 中已有发现。

〔3〕 森林篇（Vanaparvan），230。

〔4〕 *Jātakapārijāta*［波利质多本生］，IX, 57, 63, 65, 90。*Bṛhadjātaka*［广本生］，XVI, 14。

〔5〕 *'dod khams dbang phyug ma dmag zor rgyal mo'i sgrub thabs gtor cho ga*［欲界自在女军咒女王成就法食子仪轨］。

以同样的名号：具瑞军咒女王热玛提(dpal ldan dmag zor gyi rgyal mo rematī)，仿佛热玛提是一类称为军咒女的女神之主。虽然在壁画中二者图像明显不同，但与上文提及的情况相同，此种融合肇端于二者均被视为迦利(Kālī)的身形之一。象征无尽生死律动的大天母吸纳了无数本土女神，这样，包容前佛教诸女神的军咒女和热玛提而后也融合为单体：军咒热玛提(dmag zor rematī)，一类护法(bstan srung ma)的统领[1]。军咒女也与吉祥天女(Śrīdevī, dpal ldan lha mo)、即迦利(Kālī)融合，称为吉祥军咒女(dpal ldan dmag zor ma)[2]。同一宗教灵感的异象表现被洛桑曲吉坚赞(blo bzang chos kyi rgyal mtshan)充分表达为一系列等值对应，它们不仅限于藏地，而且还延伸至亚洲其他地方，以及其他神话中。这些等值不应被视作等同，而是同一宗教理念在不同名相、不同天空下的显相。这样，热玛提同化于乌摩(Umā)[3]、龙女持宝(gtsug na'i bu mo nor 'dzin ma)、药叉满贤女妙光(gang bzang bu mo gzi legs ma)、魔(bdud)善灭女具味('gog yag sras mo dri ldan ma)，罗刹女(Rākṣasī)等等：在印度她示现为本母(Mātṛkā, ma mo)瓦商拘罗玛(Vaśamkuruma[4])；在中亚突厥人，即霍尔人(hor)中她示现如霍尔姑娘，是念(gnyan)九姊妹中的大姐(hor mo gnyan gyi spun dgu'i gtso)；在汉地她示现为汉家蓝色妙颈女(sngon mo mgrin bzang ma)；在门地(mon)她示现为基仁楞镇玛(spyi rin lan bran ma)；在藏地她示现为吉祥祖母(dpal ldan a phyi ma)[5]。就藏地而言，她与前佛教信仰的关系可以从仪轨论书中常将其称

[1]　据'dod khams dbang phyug ma dmag zor rgyal mo'i sgrub thabs gtor cho ga tshogs mchod pa dang gsol bcas［欲界自在女军咒女王成就法·会供食子仪轨并祈请］，第4叶正面，军咒(dmag zor)一名源于此女神或此类女神负责照看军队(dmag)，即护持教法及持教者的军队；以及负责武器，尤其是降魔仪式中所用，称为咒力(zor)的武器(dmag dang zor gyi las la dgyes)。

[2]　S. H. Ribbach, *Vier Bilder des Padmasambhava*, p. 36; A. Grünwedel, *Mythologie des Buddhismus*, pp. 66, 173, 175.

[3]　'dod khams dbang phyug ma dmag zor rgyal mo'i sgrub thabs gtor cho ga［欲界自在女军咒女王成就法食子仪轨］，第5叶。

[4]　原文如此。

[5]　同样的序列见格桑嘉措(bskal bzang rgya mtsho)的'dod khams dbang phyug ma dmag zor rgyal moi sgrub thabs gtor cho ga tshogs mchod pa dang gsol bcas［欲界自在女军咒女王成就法·会供食子仪轨并祈请］。

101　为念(gnyan)而看出：众所周知，念是苯教神祇，是传播疫疠的凶神，后来融入冥界，成为地祇(sa bdag)的一个亚种[1]。洛桑曲吉坚赞的仪轨论书中有对该天女的赞颂，除去明显少量的佛教影响，其可能保存了源自民间的古老灵歌。在此给出其原文和译文不无裨益。

　　　　噢！
　　　　吉祥念之热玛提，军咒教法看护女，
　　　　金刚持之眼面前，护持教法立誓女！
　　　　于往昔之劫之初，汝寻坚固之住处，
　　　　由此前往东北隅，水草树等无有之，
　　　　越过众谷之彼处，红色北原空且旷，

102　　　红色北道弯且曲，红色北山耸且怖，
　　　　众多猛兽蹄且驰，诸种鬼禽嘶且鸣，
　　　　霹雳大雹哗啦啦，凶暴风雪旋呜呜。
　　　　木勒汀之湖中央[2]，黑紫色堡四方方，
　　　　四角紫红玛瑙成，屋顶青葱玉所成，
　　　　基础玄铁所构成。人尸马尸均匀布，

103　　　人血马血盈满湖，十万本母千食肉，
　　　　千万饮血盛会众。到得无边此中央，

─────────────

[1]　关于念(gnyan)，参见 B. Laufer, *Ein Sühngedicht der Bonpo. Aus einer Handschrift der Oxforder Bodleiana*, Wien, Carl Gerold's Sohn (Buchhändler der kais. Akademie der Wissenschaften)，1900，p. 47，以及 *klu 'bum bsdus pa'i snying po*［摄十万龙心髓］。

[2]　显然木勒汀是一个专名。然而，必须记住木勒(mu le)指女孩。F. W. Thomas, "The Language of Ancient Khotan", *Asia Major*, 2, 1925, p. 270; F. W. Thomas, *Tibetan Literary Texts and Documents Concerning Chinese Turkestan*, London, The Royal Asiatic Society, 1935, part I (*Literary Texts*), p. 102, n. 11.
　　　译者注：托马斯著作的汉译参见刘忠、杨铭译注，《敦煌西域古藏文社会历史文献》，北京：民族出版社，2003年。

一切本母女主住。[1]

此处我将仪轨论书中对军咒女的图像描述总结如下：

深蓝色，一面二臂：右手于渝誓者的头上挥舞有金刚

---

[1]　བྱོཿ

དཔལ་ལྡན་གཉན་གྱི་རི་མ་ཏི། དམག་ཟོར་བསྟན་པའི་བྱ་ར་མ།

རྡོ་རྗེ་འཆང་གི་སྤྱན་སྔ་རུ། བསྟན་པ་བསྲུང་བར་ཞལ་བཞེས་མ།

སྔོན་གྱི་བསྐལ་པའི་དང་པོ་ལ། ཁྱོད་ཀྱིས་བརྟན་པའི་གནས་བཅས་པ།

འདི་ནས་བྱང་ཤར་མཚམས་ཤེད་ན། རྩ་ཆུ་ཤིང་སོགས་མེད་པ་ཡི།

ལུང་མང་བརྒལ་བའི་ཕ་རོལ་ན། བྱང་ཐང་དམར་པོ་སྐྱོ་ཕྱད་པ།

བྱང་ལམ་དམར་པོ་གྱ་མ་གྱུ། བྱང་རི་དམར་པོ་རྔམས་ཤིང་འཇིགས།

གཅན་གཟན་མང་པོ་འདུར་རྒྱུག་བྱེད། འདྲེ་བྱ་སྣ་ཚོགས་སྐད་སྒྲོག་ཅིང་།

གནམ་ལྕགས་སེར་ཆེན་ཤར་ར་ར། དུང་གི་བུ་ཡུག་ཁྱིལ་ལི་ལི།

མུ་ལེ་དིང་གི་མཚོ་ནང་ན། བསེ་མཁར་སྨུག་པོ་གྲུབ་བཞི་པ།

ཟུར་བཞི་སྨུག་པོའི་མཆོང་ལས་བྱས། ཁ་བད་སྔོན་པོའི་གཡུ་ལས་བྱས།

རྨད་གཞི་ནག་པོའི་ལྕགས་ལས་བྱས། མི་རོ་རྟ་རོ་གཅལ་དུ་བཀྲམ།

མི་ཁྲག་རྟ་ཁྲག་མཚོ་རུ་མེར། མ་མོ་འབུམ་དང་ཤ་ཟ་སྟོང་།

ཁྲག་འཐུང་བྱེ་བའི་ཚོགས་འཁོར་རྒྱས། གཞལ་ཡས་དེ་ཡི་ནང་ཤེད་ན།

མ་མོ་ཀུན་གི་བདག་མོ་བཞུགས།

bhyoḥ
dpal ldan gnyan gyi ri ma ti / dmag zor bstan pa'i bya ra ma /
rdo rje 'chang gi spyan snga ru / bstan pa bsrung bar zhal bzhes ma /
sngon gyi bskal pa'i dang po la / khyod kyis brtan pa'i gnas bcas pa /
'di nas byang shar mtshams shed na / rtsa chu shing sogs med pa yi /
lung mang brgal ba'i pha rol na / byang thang dmar po skyo phyad pa /
byang lam dmar po gya ma gyu / byang ri dmar po rngams shing 'jigs /
gcan gzan mang po 'dur rgyug byed / 'dre bya sna tshogs skad sgrog cing /
gnam lcags ser chen shar ra ra / dung gi bu yug khyil li li /
mu le ding gi mtsho nang na / bse mkhar smug po grub bzhi pa /
zur bzhi smug po'i mchong las byas / kha bad sngon po'i g.yu las byas /
rmad gzhi nag po'i lcags las byas / mi ro rta ro gcal du bkram /
mi khrag rta khrag mtsho ru mer / ma mo 'bum dang sha za stong /
khrag 'thung bye ba'i tshogs 'khor rgyas / gzhal yas de yi nang shed na /
ma mo kun gi bdag mo bzhugs /

标识的棍,左手于胸前持盛满真言芥子和鲜血的私生子的
颅器。嘴大张,龇四獠牙,食整尸,发出如雷般的啊哈哈笑
声。三眼通红圆睁,犹如电闪,现大怒容。黄褐色头发上
挽,睫毛和胡须如劫尽之火炽燃。右耳饰狮,左耳饰蛇,头
饰五千人头,具十五个滴血新鲜人头之双垂璎珞……〔1〕
军咒女的骑乘与热玛提一致。

七、护法部组中的其他天众

更难比定的是那些绘于内殿右侧、骑着异兽、在炽燃火焰中翱翔的

---

〔1〕 译者注:'dod khams dbang phyug ma dmag zor rgyal mo'i sgrub thabs gtor
cho ga [欲界自在女军咒女王成就法食子仪轨],第2叶背面第6行:

[藏文五行]

sku mdog mthing nag zhal gcig phyag gnyis ma / phyag
g.yas rdo rjes mtshan pa'i be con dam nyams kyi klad la 'phyar
zhing / g.yon thun dang khrag gi gang ba'i nal thod thugs kar
'dzin pa / zhal rab tu gdangs shing mche ba rnon po bzhi gtsigs
nas mi ro rangs po za zhing a la la'i gad mo 'brug ltar sgrog pa /
spyan gsum dmar zhing zlum pa glog ltar 'khyug cing khro
gnyer shing tu bsdus ba / dbu skra kham ser gyen du brdzes
shing smin ma dang sma ra dus mtha'i me ltar rab tu 'bar ba /
snyan g.yas la seng ge dang/ g.yon la sbrul gyis brgyan pa / mi
mgo skam po lngas dbu la brgyan cing / khrag 'dzag pa'i mgo bo
rlon pa lnga bcu'i do shal can ...

天女(图版 52 – 55)：她们共有十位,其中四位出现在一些怛特罗论书的八天女(lha mo)名录中[1]：[阎摩]女使([gshin rje'i] pho nya mo)、时夜(dus mtshan)、羂索女(zhags pa mo)、[阎摩]入([gshin rje'i] 'bebs)。鬼蜮(dam sri)据传是一种可致羊群家畜死亡的神祇[2]。

　　智慧空行母(ye shes mkha' 'gro ma = Jñānaḍākinī, 图版 57)在怛特罗部组中十分常见,其图像无需赘述。

　　如前引隆多喇嘛(klong rdol bla ma)关于护法(bstan srung ma)部组短论的清楚描述,多闻子(Vaiśravaṇa, rnam thos sras)和黄、白、红、黑四身瞻巴拉(Jambhala)也在此部组中(图版 46)[3]。

　　对于图版 65 所表现的称为美孜明王(khro rgyal smre rtsegs)的本尊,我承认我不知道,也不记得在读过的藏文经论中遇见过,但我确信美孜(smre rtsegs)是秽迹(sme brtsegs)的讹写,在我经常提及的宁玛派(rnying ma pa)集成中保存有关于他的仪轨[4]。仪式之初召请该本尊的真言能确定其梵文名号：sme ba rtsegs[5],对应怛特罗天众中的 Ucchuṣma[6],据仪轨论书,他是财神瞻巴拉的一个身形。

105

---

[1]　例如 Cordier II, pp. 170, 171, n. 61, 63。*bstan 'gyur*[丹珠尔],释怛特罗部(rgyud 'grel), pi 函,第 168 叶背面;第 174 叶。
　　　译者注：两部论书的标题一致,均为 *Vajrabhairavasādhanakarmopacārasattvasaṃgraha*(dpal rdo rje 'jigs byed sgrub pa'i thabs dang las bya ba'i cho ga sems dpa' bsdus pa)[吉祥金刚怖畏成就法并羯磨仪轨·摄有情],参见《西藏大藏经总目录》第 1982 号。

[2]　关于鬼蜮,我知道有如下短论：*dam sri gson 'dre sogs lung bstan cing 'dul ba'i thabs shin tu zab pa*[鬼蜮活鬼等授记及甚深调伏法], *rin chen gter mdzod*[大宝伏藏], tsi 函。

[3]　*bstan srung dam can rgya mtsho'i ming gi grangs*[具誓护法海之名录], *klong rdol bla ma'i gsung 'bum*[隆多喇嘛文集], pa 册,第 7 叶背面至第 8 叶正面。

[4]　*khro bo sme ba brtsegs pa'i sgrub thabs dang khrus cho ga rnams nag po 'gro shes su bkod pa mig gtsang dag byed*[秽迹明王成就法及诸浴仪轨直讲庄严·净眼], *rin chen gter mdzod*[大宝伏藏], tsi 函。

[5]　或 brtsegs。

[6]　实际上,在 *sme ba brtsegs pa'i sgrub thabs nyams grib kun sel rgyal chen po*[秽迹成就法·消除晦气大胜]中, sme ba rtsegs 被称之以其更常见的名字 'chol。

55

上涉论书将其描述为一面二臂,右手持交杵金刚,左手施期剋印,一如成就法集成所述,但扎布让所表现的却是六臂,标识也不尽相同,其图像应是梵文经论尚无记载的特例[1]。但就在堪称怛特罗仪轨无尽法藏的宁玛派集成中,紧随上文所引的短论,我发现了一部有关五佛甚深曼荼罗的论书[2],其中对秽迹明王(Ucchuṣma)的描述与扎布让所绘完全符合:三面,主面与身色同为绿色,右面红,左面深蓝;右三手持金刚杵、剑、蛇索;左三手持钺斧、铃、瓶;或三面为蓝、白、红;右手持交杵金刚、三叉戟、钩;左手持杖、羂索、施期剋印[3]。

*106*该本尊几乎总是在净水沐浴(khrus)仪式中被召请,据我所知的仪轨,该仪式尤具驱魔之功,因为主仪者意欲以此方式清净疾病、罪障和魔障(gnod)。而且,随着仪式中沐浴的实际施行,一切疾病魔障均被奉献给该本尊,使其能以大力摧伏它们(nad gnod thams cad kho bo stobs po che khyod la 'bul lo)。召请此尊不仅利于信者清除罪障,而且尤在于使信者远离从各方面障碍损挠其内外坚固清净的百千隐秘邪力。他将驱除阴阳魔障(gnod pho mo)、频那夜迦(vināyaka)、龙(nāga)、晦魔(dme yug)。总之,他是一尊驱除秽迹之神,传统——或源于印度——将其视为大自在天(Maheśvara)和乌摩(Umā)所生的金刚手秘密主(Vajrapāṇi Guhyapati)的化身[4]。这是佛教与湿婆派相互熏染与媾和的另一实例,此亦见于印度诸成就者传规繁盛融合的时代,对此我在研究中已经反复提及。

关于红阎摩敌(gshed dmar),可以将其与雅秀玛波(yam shud

---

[1] 从其衍生异化出空行母秽迹(rme brtsegs ma),参见同一集成中的 *nyan lugs khro mo rme brtsegs ma'i sgrub thabs dbang bskur khrus cho ga dang bcas pa*［念传规秽迹忿怒母成就法及灌顶沐浴仪轨］,注意拼写中 sme 和 rme 之间的犹豫不定。

[2] *'za' tshon ma ning zhi ba'i las tshogs mkha' 'gro grib sel bklags chog tu bkod pa shel dkar bum pa'i chu rgyun*［夫妇黄门息解羯磨集·除空行晦念诵仪轨庄严·白晶瓶之水流］。

[3] *khro bo'i sme ba brtsegs pa'i sgrub thabs*［忿怒秽迹成就法］。

[4] *sme brtsegs nyams grib kun sel gyi dbang cho ga zla shel bdud rtsi'i chu rgyun*［普除晦气秽迹灌顶仪轨·月晶甘露水流］。

dmar po) 相较。后者亦属于护法(bstan srung ma) 部众,民间宗教里的诸多降魔仪式中常常召请此本尊,他也被称为赞神之王(btsan gyi rgyal po) 或战神(dgra lha),赞是佛教从未战胜的原始宗教神祇。图像学将其表现为红色,二臂,右手持矛,左手挥舞蛇索、荡击诸敌[1]。如我所述,红阎摩敌与佛殿中表现的、作为其化现的战神不易区分,二者都把我们带回藏传佛教之前的萨满信仰,且都与格萨尔(ge sar) 的流传影响有关[2]。

　　在一些怛特罗论书中,迅疾(myur mdzad) 属于护法曼荼罗,其标识为钺刀(gri gu) 、颅器[3]。这又是一个印度崇拜与本土宗教传统混融的例子,因为迅疾就是大黑天(Mahākāla)。曾作一短小仪轨论书供养此尊的格勒贝桑(dge legs dpal bzang) 对此亦有认识,他说该本尊不仅为宁玛派(rnying ma pa) 熟知,而且亦为苯教(bon po) 所奉[4],甚至被格鲁派(dge lugs pa) 供养,后者赋予其大黑天的诸多特征,将其列入冗长无尽的怙主(mgon po) 名录中。

　　扎布让的图式与格勒贝桑的描述相似(图版 62),据后者,迅疾(myur mdzad) 应为六臂,右手持钺刀、骷髅鬘、一对顶骨所做之鼗鼓;左手持盛满鲜血之颅器、三叉戟、顶端有金刚标识之羂索。唯一的不同在于壁画中其为三面而非一面。他与热玛提(Rematī) 和军咤女

107

108

---

[1]　关于此本尊,参见洛桑楚臣强巴嘉措(blo bzang tshul khrims byams pa rgya mtsho) 的 *bstan srung chen po btsan rgod yam shud dmar po gtso 'khor gyi bskang cho ga dgnos grub bdud rtsi 'khyil ba'i rin chen bum bzang* [大护法野赞雅秀玛波主从酬补仪轨·成就甘露漩之如意宝瓶]。
译者注:作者为雍增·意希赞金贝桑波(yongs 'dzin ye shes mtshan can dpal bzang po),参见[E. De Rossi Filibeck, *Catalogue of the Tucci Tibetan Fund in the Library of IsIAO*, Rome, Istituto Italiano per l'Africa e l'Oriente, 2003, vol. II, p. 44]。

[2]　关于战神(dgra lha),参见 *srog bdag yam shud dmar po'i thugs sprul bstan srung 'khu dgra lha'i sgrub thabs gtor chog gi rim pa cha lag thang ma* [命主雅秀玛波意之化现护法忿怒战神成就法·食子仪轨次第支分平整]。

[3]　*chos skyong dgongs 'dus snying po* [护法密意心髓], *rin chen gter mdzod* [大宝伏藏], ni 函,第 12 叶背面。

[4]　*myur mdzad ye shes kyi mgon po phyag drug pa'i gtor cho ga bskang gso cha lag dang bcas* [六臂迅疾智慧怙主食子仪轨酬补及支分],第 1 叶。

(dmag zor ma) 的关系可以从上引论书提及热玛提出现于其身边看出。

多闻(Vaiśravaṇa, rnam sras)、广目(Virūpākṣa, mig mi bzang)、增长(Virūḍhaka, 'phags skyes po)、持国(Dhṛtarāṣṭra, yul 'khor srung)作为四大天王(mahārāja)或四大护世(lokapāla)为众熟知,不必详述。每一天王均代表一类部众,即药叉(yakṣa)、龙(nāga)、鸠盘茶(kuṣmāṇḍa 或 kumbhāṇḍa)、乾达婆(gandharva)。尽管他们在多数情况下都是诸曼荼罗的次要元素,但有时他们也围绕某一主尊自成一曼荼罗,如 *Durgatipariśodhana*［恶趣清净］中的四护世(lokapāla)环绕金刚手曼荼罗[1]。

黑阎摩敌(dgra nag)是阎摩敌(gshin rje gshed)的身形之一:拥明妃,六臂,分持钺刀、金刚杵、剑、轮、莲花。参见宗喀巴的 *dpal gshin rje dgra nag gi sgrub pa'i thabs rin po chen 'bar ba*［吉祥黑阎摩敌成就法·炽燃宝］[2]。

通过此概括性描述可以得出结论:成就殿以其所绘壁画成为西藏西部最重要的佛殿之一。绘于壁上的天众在我们的意境中再次唤起历史上自印度迁移藏地的甚深大乘天众的一个侧面,它给我们展示的不仅是佛教瑜伽士无尽的想象、将内观转化为外相的无人能出其右的善巧方便,而且也记录了佛教衰颓之际愈益浓厚的同化倾向。佛教怛特罗部组所接纳的数量可观的天众植根于印度、且往往不限于印度的宗教沃土,并再次记录了构成大乘佛教繁盛生机的同化力量。印度教诸神总是配列于曼荼罗外环,象征异于佛陀言教、

---

〔1〕 参见金刚铠(Vajravarman)的 *Sundarālaṅkāra*［妙丽庄严］。Cordier II, pp. 283–284. *bstan 'gyur*［丹珠尔］,释怛特罗部(rgyud 'grel), khu 函。
译者注: 即 *Bhagavatsarvadurgatipariśodhanatejorājatathāgatārhatsamyaksambuddhamahātantrarājavyākhyāsundarālaṅkāra* (bcom ldan 'das de bzhin gshegs pa dgra bcom pa yang dag par rdzogs pa'i sangs rgyas ngan song thams cad yongs su sbyong ba gzi brjid kyi rgyal po'i rgyud kyi rgyal po chen po'i rnam par bshad pa mdzes pa'i rgyan)［薄伽梵如来阿罗汉等正觉一切恶趣清净威光王怛特罗大王释妙丽庄严］,德格版作者题名为庆喜藏(kun dga' snying po),《西藏大藏经总目录》第2626号。
〔2〕 *rgyal ba tsong kha pa chen po'i bka' 'bum*［宗喀巴文集］, tha 函。

并被其超越的诸种成就。通常它们征显了与正法相对之力势，然而作为成就不应遭弃；它们确实只是世间成就，但也是心识中不可遏制的、刺激我们寻求永恒的焦灼之显相。它们一度为真、并存于心识，这一事实已经赋予了其真实内涵，佛教上师也不得不认可此点。因此，诸怛特罗传规的曼荼罗几乎总是将这些神祇接纳为护方、护法等世间神(laukika)，并将其配列于外环，即介乎情世间心识余晖与晦暗器世间的临界点。佛教只是对湿婆(Śiva)不太宽容，尽管将其纳入护境(Kṣetrapāla)之列，但亦可见其被诸护法脚踏之情景，此始于共通之处甚多的佛教怛特罗与湿婆教怛特罗争夺心识领域之际。

110

八、上师传承次第

怛特罗部众形象上方为传统姿势的上师序列(图版67)，他们代表的是金刚怖畏(Vajrabhairava)灌顶传承次第，其通常始于将此密法仪轨开示给嬉金刚(Lalitavajra)的智慧空行母(ye shes mkha' 'gro ma)。如实次第传承密法、并灌顶弟子、以其现证滋养秘密成就的诸位上师藏文称之为上师传承(bla ma'i rgyud)[1]。上师图像在曼荼罗中几乎从未缺席，同样，对他们的迎请也是仪式之必须，他们是那些不再存活于法本冰冷字句之中、而唯以觉受获其生动、实在价值的内证之境的世俗化身。这些上师实际上并非诠经释义之士，而是怛特罗成就法之所依。他们通过再现密意，与真谛之心髓等同，借用东方的譬喻，犹如明灯，使不变清净正法得以薪火传承。

111

据宗喀巴弟子承许的、与金刚怖畏(Vajrabhairava)热译师(rva lo tsā ba)传规一致的传统，这些上师是：金刚怖畏、智慧空行母(ye shes mkha' 'gro ma)、世间传承师嬉金刚(Lalitavajra)、不空金刚(Amoghavajra)、智作护(Jñānākaragupta)、莲金刚(Padmavajra)、燃灯护(Dīpaṅkararakṣita)、热译师多吉札(rva lo tsā ba rdo rje grags pa)、热·曲饶(rva chos rab)、热·意希森格(rva ye shes seng ge)、热·奔森格(rva 'bum seng ge)、绒巴·协饶森格(rong pa shes rab seng ge)、

---

〔1〕　rgyud 对应梵文 sampradāya。

喇嘛意希贝(bla ma ye shes dpal)、曲杰顿珠仁钦(chos rje don grub rin chen)、宗喀巴、克珠杰(mkhas grub rje)。显然,对于异于格鲁派的教派而言,金刚怖畏开示的密法传承亦有其他上师,至少在藏地的传播是如此。

十三天曼荼罗突出于与其忿怒双身大像相得益彰的背景之中,它们就是我们在前一小殿里已经见过的尸林,只是该殿表现得更为丰富细腻。我们同样身临阴森恐怖的场景,与游荡于孤坟野地凄惨哀痛的神怪部众为伍。即使此处艺术家亦严格遵循了仪轨论书规定的图像规则。

第三章

白　殿

一、概　　况

　　白殿(lha khang dkar po)如今以其墙色为名,从艺术角度而言,它是我在西藏西部所见最庄严的佛殿之一。该殿以其占地广袤、仍然日夜守护颓败幽所的鎏金大铜像,以及精美绝伦的壁画而无可匹敌。这是真正的王室佛殿,虔诚的王族于此慷慨布施、标彰豪富。今天,它已荒废零落,摇摇欲坠。战争的掠夺或封疆大吏的贪婪把一度挤满供案的青铜或更珍贵的金属塑像一一劫去;当古格结束割据状态后,拉萨派遣的大员渎职漠视,任使精美壁画整壁整壁地永逝不回;雨水亦从屋顶裂缝渗入,浸淫壁画,销蚀塑像。我在1935年的考察中发现1933年欣赏过的众多壁画已因水蚀而无从拍摄。整个佛殿的圮毁已无法挽回,古格艺术及其画派最有价值之堂奥即将

消失,它一度使葡萄牙传教士惊羡不已,而且至今还会令有幸进入佛殿的游人扼腕惊叹。

二、殿中表现的图像

　　让我们以通常的右绕开始探究该殿(插图4)。

　　紧挨门左侧的是一尊三目圆睁的忿怒塑像(图版68,插图4.1),因其发髻上立有马头,很容易辨认他是马头明王(Hayagrīva, rta mgrin)。

　　但是,我再三强调,大乘诸尊样式复杂,可以化现为众多身形。即使在此处,仅仅将塑像比定为马头明王肯定不够确切:他表现的究竟是其诸多化现的哪一尊? 马头明王的身形的确不少:最近,高罗佩(Van Gulik)对马头明王的主要身形在印度怛特罗学派

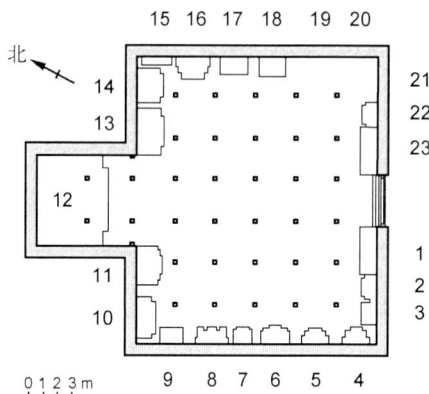

插图 4

[参考西藏自治区文物管理委员会编,《古城故城》(上),文物出版社,1991 年,第 15 页,图三绘制]

114

中,以及在藏地、汉地、日本的衍变作了仔细梳理[1]。他给我们展示了该本尊身上马头(hayaśiras) 毗湿奴和马颈(hayagrīva) 魔的合流,二者均见载于印度传统,在晚期佛教诸派中融合为此复杂形象。在这些学派中,我们再次注意到印度历史悠远的民间古老元素的涌动,以及原始观念向主导象征性的缓慢跨越。

据噶举派(bka' brgyud pa)上师和注释家白玛噶波(pad ma dkar po)所存传统,马头明王(Hayagrīva)的许多身形可以归纳为三个流传最广的基本类别[2]:

三面八臂马头明王,红色,主面红,右面蓝、左面白;八臂标识为:右手持金刚杵、杖、施与愿印、箭,左手施期剋印、置于胸部、持莲花、弓。

马头明王,红色,发髻中现出马头;二臂:右手持金刚杖,左手施期剋印。

马头明王,红色,三面与第一类同,八臂标识为:右手持钩、弓、臼、金刚杵,左手持羂索、箭、天杖(khaṭvāṅga)、铃。

显然扎布让的塑像属于第二类。

115

马头明王出现于殿门入口,作为护法(chos skyong)和护门(dvārapāla)行使驱除恶障、保护净地之责,背景中立于壁面的系列天众为该本尊的化现或眷属。

---

[1] R. H. Van Gulik, *Hayagrīva. The Mantrayānic Aspect of Horse-cult in China and Japan*, Leiden, E. J. Brill, 1935.

[2] *sgrub pa'i thabs rgya mtsho'i cho ga rjes gnang dang bcas pa 'dod dgu'i dpal gter* [成就法海仪轨并随许·如意吉祥藏]。

　　缘左而行,随后的两尊塑像仅余四臂观音(Avalokiteśvara),即六字观音(Ṣaḍakṣara Avalokiteśvara,图版69,插图4.3),壁面可见其静怒化现。上方两身并排形象为千手千眼观音(phyag stong spyan stong)。

　　左壁有六身塑像,均于象征无量宫(vimāna, gzhal yas khang)的常见靠背中呈金刚跏趺坐(vajraparyaṅka)。四周遍覆壁画,技法细腻精准,一如真正的细密画:线条精妙,色彩和谐灵动,光泽的亮丽使之愈加栩栩如生。壁面无一不覆满均匀层列、紧密无间的小像,而缭绕周围的种种花草和装饰纹样,仿佛一面精美绣帷铺展于殿壁之上。显然,这些形象并非任意选择,而是遵循了某种将其完美衔接的象征关系,今已很难重构。每一塑像都应是据今已不易比定的怛特罗部组规定的图示表现于壁面的既定曼荼罗的主尊。

　　通常曼荼罗均为绘制,但此处的曼荼罗主尊却为立体,因此他脱身于其系列变现和眷属之外。这些对称列布的禅定塑像不仅以其庄严肃穆之形象跻身于圣地静谧当中,令佛殿壁面生气盎然,而且正是这些等人高的塑像使他们象征的秘密图示的中心一目了然。背景中比例渐小、更趋邈远的是眷属天众,他们位于次要层面,一如其在世界生起观想中的配列。因而存在着一个有机层构,孕育谋划佛殿的心机不仅将之目为密教成就的能见映象,而且将多少为论书仪程所限的配列调御成某种理念和美感,前瞻光影、毗连层次、透析比例。大殿幽暗,众多塑像于熹微中悄然浮现,犹如从生命冥暗向真实光明的缓慢迈进;而内殿明亮,入定佛陀的高大金身安详含笑,在透过天窗撒布其面的光霖沐浴下熠熠生辉。近世佛殿与之截然不同,其往往缺乏周全思量,壁面毫无表情,漠然接受任意之作:上师传承次第、本尊、生死轮回图,甚至是粗笨的书架。

116

三、大日如来部组

117

　　图版70-72(插图4.4、4.5、4.6)表现的是大日如来(Vairocana)的诸种身形,但他们均为三面,施转法轮印(dharmacakramudrā)。

　　图版73(插图4.7)中的身像看来也是大日如来(Vairocana)的特

殊化现[1]，我尚未发现与之有关的怛特罗部组。必须提及右壁亦有三尊大日如来，其中两身样式多少与左壁的相同（图版74，插图4.19），另一尊手印不同，为禅定印（samādhimudrā，图版75，插图4.18）。因此，除了样式有异、但肯定与大日如来部组有关的八臂塑像，共有六尊大致相似的大日如来。

如何解释同一尊像的重复出现？显然其并非同一样式的简单摹制，尽管众多塑像样式一致，但不同的身色以及周匝围绕、征显特定密法传规的画作昭示了其间的内在差异。因此，我们无疑面对的是大日如来的不同部组，也就是不同的曼荼罗。我们会在托林（tho ling）金殿（gser khang）门厅见到同样的情况，但彼处所绘的众多大日如来曼荼罗几乎都有指明其来源、怛特罗经论、密法传规的题记。

118

图版70、71、74里的塑像明显可见画像围绕，其中包括五佛中的其他四佛，诸佛比例大于其他绘像，各施自己的手印，金刚跏趺坐于天宫中；其他天众对称有序配列四周，身光环绕。尽管眷属数量超出普明（kun rig）三十七天曼荼罗，但从表现图版74细部的图版78、79可以清楚看出，至少此处我们面对的是我前册专门研究过的普明大日如来（Sarvavid Vairocana）曼荼罗。通过手印易于辨认的其他四佛每尊均由六身一组的眷属天众上下围绕，加上大日如来，该曼荼罗共有五十三天众（1＋4＋12×4）。如前册所述，不必对此多重表现惊讶，大日如来成就法在怛特罗传规中差异甚大：从*Durgatipariśodhana*［恶趣清净］到*Tattvasaṃgraha*［真性集］。

图版76（插图4.17）表现的应是不空成就佛（Amoghasiddhi），至少从手印判断是如此。然而，壁面曼荼罗几乎被屋顶渗漏的雨水销蚀殆尽。我在1935年发现塑像也渐趋圮毁。

119

八臂形象由众多眷属环绕（图版73），大都为多臂多面，另有上文提及的世间（八）大天（laukikamahādeva，图版80、81）。

壁画技法精准，线条细腻，色彩生动，更像是细密画。

---

[1] 译者注：图齐在《梵天佛地》第四卷，第二册，第433页补充说："我未能比定的图版73中的尊像正如我当时的判断，是大日如来的化现，参见《梵天佛地》第四卷，第一册，第184页。"

仅仅将其类比为细密画是不够的。只要把我们的壁画和我在环绕托林寺(tho ling)峭壁挖掘的洞窟隧道中有幸发现的寺院藏经写本的插图相比较,就足以认识到二者的技法和线条绝无二致。以壁画庄严藏地古寺的众多佚名艺术家首先是经本插图画师,此种插图艺术主要通过布绘或佛殿地面方便敷设的曼荼罗而渐次缓慢植入壁画。因为曼荼罗即使比例宏大,但内中严饰的标识饰物以及密布的天众身形均直接源于细密画并循其轨范。古格绘画从此源头抽取出不漏每一细节的渴求,甚至在其最晚期的作品中亦未背弃,成为其鲜明性格之一。

　　图版73中围绕大像的壁绘曼荼罗的系列天众易于比定,因为每一形象几乎都伴之有简短榜题。此处我们面对的同样是大天(Mahādeva)部组和前述佛殿已经专述过的护方神(phyogs skyong),然而图像样式完全不同,尽管线条色彩表明其出自藏地画师,但印度风格浓烈。其表现的天众虽然在佛教眷属之内,却是十足印度教的:

120

　　图版82、83:自在天(Īśāna, dbang ldan)及其眷属(dbang ldan khor byas[1]);

　　图版84:遍入天(Viṣṇu)及其眷属(khyab 'jug khor byas);

　　图版85、86:梵天(Brahmā)及其天妃(tshangs pa chung ma dang cas[2]);

　　图版87、88:自在天(Īśvara)及其眷属(dbang phyug khor byas);

　　图版89、90:群主(Gaṇapati)及其眷属(tshogs bdag khor byas);

　　图版91:梵天女(Brahmāṇī, tshangs ma);

　　图版92:药叉(Yakṣa)及其眷属(gnod sbyin khor[3] bcas);

　　图版93:火天(Agni, me lha)及其眷属(右侧眷属见图版94,左侧眷属见图版95)。

　　此火天身形与其传统身形,即我们在胜乐(bde mchog)和金刚怖

---

〔1〕　khor byas 应为'khor bcas,下同。

〔2〕　cas 应为bcas。

〔3〕　khor 应为'khor。

畏殿(Vajrabhairava)已经看到的八护方神中的火天有异。此处的火天是羯磨火天(Karmāgni, las kyi me lha)，即吠陀传统圣化仪式的象征。他属于和大日如来(Vairocana)及其曼荼罗相关的三界尊胜(Trilokavijaya, khams gsum rnam par rgyal)部组。*Sundarālaṅkāra*[妙丽庄严]对其图像的描述与扎布让佛殿壁画完全对应：

> 金黄色，四臂，骑山羊；两右手持念珠和浇灌勺，两左手持净瓶和方勺；仙人装束。[1]

接下来的塑像(插图4.8)围绕有两种不同样式的微型小像，分列于主像左右，均重复千次，如同释迦牟尼成正觉、我们身处的贤劫(bhadrakalpa)千佛。右侧小像为金刚手(Vajrapāṇi，图版96)，左手持铃靠于腿部，右手举金刚杵齐头；左侧小像为金刚萨埵(Vajrasattva)，左手持铃靠于腿部，右手当胸持金刚杵。

小像系列被分列主像两侧的普明(kun rig)三十六天众不时隔断。五佛中其他四佛所处位置为：上方右侧曼荼罗中央为无量光佛(Amitābha)，左侧为不空成就佛(Amoghasiddhi)；下方右侧为宝生佛(Ratnasambhava)，位于靠背两小柱上鹿像之后，对面为不动佛(Akṣobhya)。

壁画的壮丽不应使我们忽略沿墙庄严列坐于宝座之上的塑像。它们由泥土混合草秸、布条、经书残片塑制而成，但造型优雅，仍然显示出印度流派的直接影响。其纤细的身姿在藏地塑像中渐趋消失，而代之以臃肿呆板。只要将该殿的大日如来系列身像与明显晚近的宗喀巴像相比较，就足以感受到塑制风格的迥异。印度传统在靠背拱顶和装饰上依然生动、明显：金翅鸟(garuḍa)、人首蛇身的龙王(nāga)、摩竭鱼(makara)、狮、跃马、相互追逐盘旋的卷草涡纹、八大佛塔(mchod rten)。所有严饰均极尽细腻，而逐渐让位于简单的圆形身光或偶见的椭圆身光。总之，殿内画作和塑像上仍可感受到印度传统的影响，而且我想说这是印度最杰出的传统。

---

[1] *bstan 'gyur*[丹珠尔]，释怛特罗部(rgyud 'grel)，khu函，第71叶正面。

四、无量光佛或释迦牟尼

左壁最后一身塑像表现的似乎是于菩提树下入定的释迦牟尼（Śākyamuni，图版97，插图4.9），双手施禅定印，两侧菩萨立像可能是弥勒（Maitreya）和文殊（Mañjuśrī）。

如果比定正确，扎布让的艺术家应将菩提树下入定的佛陀常式身像区分为两个阶段。其一是此处的表现，可能象征佛陀成正觉；另一通常称为金刚座（Vajrāsana），表现佛陀出定，施触地印（bhūmisparśamudrā），召请大地为之作证。然而，尚不能将其最后确定，因为无法排除与其类似的图像样式混入的可能。也就是说，即使在此处，除了释迦牟尼，艺术家意欲表现的也可能是五佛之一，其所示现的并非观想召请中朝服严饰的受用身（sambhogakāya），而是世间化身（nirmāṇakāya）。

在后一情形中，五佛亦可示现为身着袈裟，这样，金刚座释迦牟尼（Vajrāsana Śākyamuni）和不动佛（Akṣobhya）就可能混淆，但这只能出现在塑像中，因为在绘画中身色是区分的确定元素，而塑像如果不辅之以题记或其他附属因素，就无法准确比定。班纳吉（Banerji）对此十分清楚，木斯（Mus）也一样，他甚至认为不动佛是菩提伽耶入定佛陀之裂变[1]。艺术家有时也意识到了此种可能的混淆，而借助某些方法来区别二者。众所周知，金刚座以金刚杵为标识，对释迦牟尼而言，金刚杵或于宝座下方、或于金刚跏趺坐（vajraparyaṅka）的双腿空间处水平横置；对于标识亦为金刚杵的不动佛而言，金刚杵竖置于座基之上，而当不动佛伴有其他标识时，金刚杵则竖置于其左掌，例如，以此标识可以认出尼泊尔斯瓦扬布（Svayambhūnāth）阶梯上的大像就是不动佛。

123

124

---

[1] P. Mus, "Barabuḍur. Les origines du stūpa et la transmigration. Essai d'archéologie religieuse comparée. Sixième partie: Genèse de la bouddhologie mahāyāniste", *Bulletin de l'École Française d'Extrême-Orient*, 34, 1934, p. 178.

对我们而言,殿中塑像的比定尤为困难:双手施禅定印(dhyā-namudrā)、手上或持钵或无钵也是无量光—无量寿佛(Amitābha-Amitāyus)的特征。陪我参访扎布让的僧人当即认定该像为无量光佛,若此,树不应是菩提树,而是无量光佛所摄极乐净土(Sukhāvatī)的如意树[1],随侍菩萨也应为莲花手(Padmapāṇi)和大势至(Mahā-sthāmaprāpta)。塔波寺(ta pho)发现的同一类型使后一比定更为可能。

五、内　殿

125

北壁,即内殿入口处左翼有两组塑像:一组为贤坐弥勒(Maitreya)及两胁侍菩萨(插图4.10);另一组亦毁损至甚,为宗喀巴师徒三尊(gtso 'khor gsum,图版98,插图4.11)。

内殿中醒目的释迦牟尼鎏金铜像施触地印(bhūmisparśamudrā),弥勒、文殊(Mañjuśrī)立侍左右(图版99–102,插图4.12)。诸像靠背做工精美,卷草涡纹中再次显现出印度艺术的传统图案:龙(nāga)、金翅鸟(garuḍa)、紧那罗(kiṃnara)。入定佛陀在明窗(rab gsal)洒落的柔光中熠熠生辉,而方形布局中绘以曼荼罗和装饰纹样的天顶及刻工细腻的柱头则成为其庄严华盖。

造像以红铜板钉固而成,据扎布让依然鲜活的传统,内中应装藏有珍贵经书及舍利。此说言之有据。开光(prāṇapratiṣṭhā)仪式中通常在像内装藏整套经书,赋予造像佛语心髓,使其具足加持之力。

126

沿壁面展开的是端坐于诸小台上、描红绘金的系列小像,以及姿势各异的佛像。壁面其余空间则遍绘似在无尽增长的小佛像,他们是象征教法相续不断的贤劫(bhadrakalpa)千佛。稍下并列展开的两铺长景已为雨水浸淫,多处完全损毁。其一是佛陀从入胎到涅槃的整个宏化事迹;其二以充满灵动的系列场景图画般地再现了佛寺的奠基、建寺的艰辛,以及开光庆典(图版103–105)。由于红殿中有题材一致的同类画作,且保存状况远善于此,我将于随后再述这些于历史及民族学皆为至要之壁画。

---

〔1〕　译者注:原书写作劫波树(kalpadruma)。

内殿入口处右翼塑像亦有常式靠背,似乎表现的是着袈裟之佛陀,两侧站立比丘呈供养姿(图版106,插图4.13)。主像手姿异于任何五佛手印,尽管标识全失,然而从类似样式推导,无疑其右手持金刚杵、左手持铃。此样式通常用于表现与金刚法界圆满合一的佛教大德,他们称为金刚持上师(bla ma rdo rje 'chang),这是圆满成就的象征性表达。由于许多成就者都如是表现,我们面对的大德因缺乏题记或其他确证要素而几乎无法比定。无论如何,他与左翼之宗喀巴正相对应,因此表现的是仁钦桑波亦无不可。

六、古　格　诸　王

127

上述右翼塑像左侧壁面纵列身像表现的是古格诸王(图版107、108)[1],几乎均伴有黑底金字的简短榜题。1933年我们尽力拍照乃至抄写榜题,但由于图像过高,而在荒凉的扎布让找不到梯子,甚至要找两根木杆搭个梯子都不行,所以我们只是枉费工夫。

1935年,我殇睹古格王统世系已被屋顶渗漏的雨水冲刷殆尽。我让陪我的喇嘛爬上两位背夫的肩膀,请他抄写尚可读取的榜题。自上而下有如下名号:

芒松芒赞(mang srong mang btsang)

扎西吉德尼玛衮(bkra' shis bskyid lde nyi ma mgon)

贝考赞(dpal 'khor btsang)

札支勒('brag rdzi legs)

谷嘉勒(mgu ca legs)

蔡诺帕德(tshe snol pha lde)

蔡诺朗德(tshe snol lam lde)

喀陀朗迪赞(kha thog nam rdig btsan)

赤札门赞(khri sgra dmun btsan)

查巴那(khra ba na)

---

〔1〕　译者注:原书写作"墙面边缘有两纵列身像,表现的是古格诸王",据图版改。

陀朗赞(thor lang btsan)

珍赞德(spran btsan lde)

玛乃赞(ma ne btsan)

美阿匆(mes 'ag tshom)

共松岗赞(gung srong gang btsang)

显然,这些名号并非以年代排列,而且名录中不止古格诸王。实际上,只要一瞥 *rgyal rabs gsal ba'i me long* ［王统世系明鉴］里的世系,就足以发现许多名字与此一致。如果我们记得古格诸王一如拉达克和西藏西部的王室成员,都以拉萨赞普的正裔为荣,那么这就不是什么怪事了。蔡诺帕德(tshe snol pha lde)、蔡诺朗德(tshe snol lam lde)和珍赞德(spran btsan lde)均属传说中的德字(lde)八王或十王[1];芒松芒赞(mang srong mang btsang)和共松岗赞(gung srong gang btsang)是赞普松赞干布(srong btsan sgam po)的后裔;美阿匆(mes 'ag tshom)即赤德祖丹(khri lde btsug brtan),是松赞干布的第四代后裔;贝考赞(dpal 'khor btsang)是沃松('od srung)之子;扎西吉德尼玛衮(bkra' shis bskyid lde nyi ma mgon)是西藏西部王室之祖[2]。

诸王左侧塑像为着袈裟之大日如来(Vairocana,图版109,插图4.14),但也可能表现的是一位上师,因为紧接下来右壁的宝生佛(Ratnasambhava)胁侍为两菩萨,而此处为两比丘。

除了前述的大日如来,殿门右侧唯一保存较好的塑像是度母(Tārā,图版110,插图4.22),从坐姿判断,其应为白度母。最后,门右侧与马头明王(Hayagrīva)对称排列的是金刚手(Vajrapāṇi)。

天顶也可视作整个西藏西部最丰富精细的作品(图版111)。重要古寺的天顶饰以天众身像和花草几何纹样非常普遍。拉达克的

---

〔1〕 文献中这些名字的拼写差异甚大:西藏西部编年史中写作 se snol po lde、se snol lam lde、sprin btsan lde, *dpag bsam ljon bzang* ［如意宝树史］第150页亦是如此。A. H. Francke, *Antiquities of Indian Tibet*, Calcutta, Superintendent Government Printing, 1926, part II (*The Chronicles of Ladakh and Minor Chronicles*), p. 80.

〔2〕 参见《梵天佛地》第二卷,第10页。

喇嘛玉如寺(Lamayuru)可见其踪迹,堪值关注的例子在塔波寺(ta pho)和托林寺(tho ling)仍可欣赏,但没有一处如扎布让保存完好、色彩鲜活灵动。其所用大板系从朝向印度的喜马拉雅山谷艰辛运抵,而后打磨绘制而成;诸种严饰则由同一轴向的曼荼罗及绝无重复、风格鲜明的花草几何纹样构成,庄严的华盖依然映现出佛殿黄金时代的恢宏壮丽。

129

第四章

红　殿

一、概　况

　　圮废城堡攀缘而上的土山脚下的另一佛殿亦已颓败荒弃。原殿名已不可考,提供信息者据外墙颜色称其为红殿。天众塑像尽遭劫掠,仅余内殿中央三身鎏金大铜像(插图5)。

　　雪松木门仍在(图版112),门框雕以花草纹样,遍覆刻工精美的小像,但如今大部已被岁月酷寒磨炼荡涤。门楣第一边框内为入定佛陀,两侧有吹奏号筒的两身供养小飞天,还有满布供品的两张供案,以及两身发愿供养小像(图版113)。接下来是金刚手(Vajrapāṇi),然后又是于菩提树下端坐宝座、施转法轮印(dharmacakramudrā)之佛陀,两侧为跪拜比丘。第三边框内表现的是佛陀成正觉后,召请大地为之作证,佛陀端坐殿中,左右小像一坐一立(图版114)。门框纵分为诸多方格,内中表现有禅定瑜伽士、典型身姿的成就者(图版115),可能还有一位古格国王(图版116),因其与白殿壁画形象类同。门扇上有兰札体(lañja)六字真言: oṃ maṇi padme hūṃ。

　　一进入昏暗的佛殿中,眼睛即刻奔向诸鎏金大铜像,其

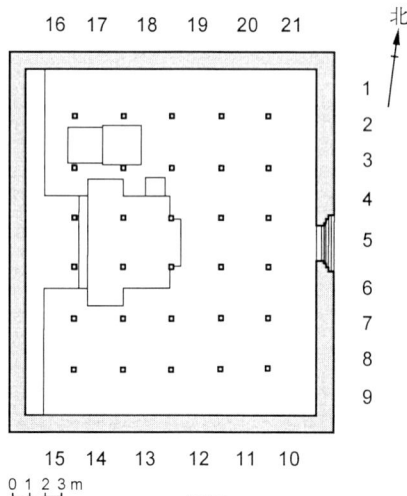

16　17　18　19　20　21

北

1
2
3
4
5
6
7
8
9

15　14　13　12　11　10

0 1 2 3 m

插图5

[参考西藏自治区文物管理委员会编,《古格故城》(上),文物出版社,1991年,第30页,图十八绘制]

表现的是呈金刚座姿(vajrāsana)的入定佛陀(图版117－119)。背倚后壁的造像以其高大身形俯瞰其他造像,靠背做工繁复,饰有金翅鸟、龙、天人等常见图案;弥勒(Maitreya)、文殊(Mañjuśrī)立侍左右,均有其显著标识。作品装饰过繁,造像及靠背均远逊白殿。

壁面上佛陀、比丘小像交替出现、成倍增长,他们均端坐于壁上小台,佛像表现的是三十五忏悔佛(ltung bshags)[1]。

后壁造像两侧严饰的泥塑靠背中端坐有八药师佛,其上小像亦当属同一部组(图版120)。由于诸佛身色尽失,手印亦有重复出现,因此比定图版中的身像甚为困难。右边施转法轮印的可能是妙金无垢(gser bzang dri med)或法海雷音(chos sgrags rgya mtsho),另一可能是音声王(sgra dbyangs rgyal po)或神通王(mngon mkhyen rgyal po)。

墙上前后相随的大幅壁画表现的亦为药师佛及其他天众。

左壁,弥勒身着袒右袈裟,文殊作为立侍两菩萨之一位于其右侧(图版121)[2]。其他诸佛则着通肩法衣(chos gos)。随后是四药师佛、不动佛(Akṣobhya,图版122),最后是同属八药师佛的释迦牟尼。

右壁,自靠近内殿上方开始是无量光佛(Amitābha),他通常亦属药师佛之列;随后是弥勒、不动佛,以及其他两身药师佛(图版123),或许是妙金无垢(gser bzang dri med)和法海雷音(chos sgrags rgya mtsho)[3]。

主像虽据传统程式绘制,然而业已失却我们在其他佛殿欣赏到的雅致和和谐色彩,这些壁画或为扎布让和托林寺(tho ling)的最晚遗存,其完成于古格艺术传统随其政治割据烟消云散的前夕亦有可能。实际上,佛传壁画的每一场景附近均预留有说明佛陀行迹的空间,却只字未题,

132

133

[1] E. Schlagintweit, *Buddhism in Tibet Illustrated by Literary Documents and Objects of Religious Worship. With an Account of the Buddhist Systems Preceding it in India*, Leipzig-London, F. A. Brockhaus-Trübner and co., 1863, pp. 123ff; L. A. Waddell, *The Buddhism of Tibet or Lamaism with its Mystic Cults, Symbolism and Mythology, and in its Relation to Indian Buddhism*, London, W. H. Allen and co., 1895, p. 353.

[2] 译者注:原书如此,图版121应为北壁壁画内容,参见西藏自治区文物管理委员会编,《古格故城》(下),文物出版社,1991年,图版二十九,1。

[3] 译者注:原书对壁画描述较为混乱,翻译时未加变动。

或许古格王国落入拉达克诸王之手中断了其业已肇始的工作。

主像周围雷同的装饰图案、眷属小天众，以及与主像相关的诸上师显然劣于古格画派全盛时期涌现的作品，但却承绪了其传统程式。

诸护法（chos skyong）列布殿门两侧，左侧为怙主（mgon po）、尊胜佛母（Vijayā）、白度母（Tārā）、五字文殊（Arapacana）。最优美的当属尊胜佛母（图版124），尽管其亦无法与托林寺（tho ling）所绘同一佛母媲美。右侧为金刚手（Vajrapāṇi）、随求佛母（Pratisarā）、绿度母、观音（Avalokiteśvara）。

二、佛传壁画

该殿的艺术和图像学价值有限，无法与扎布让其他佛殿或托林寺（tho ling）相比，但仔细审视也会发现一些值得关注之处。大像下部沿墙有一条壁画带，对此最好予以提及，其中表现的是释迦牟尼十二宏化事迹（mdzad pa bcu gnyis），这是藏族画师最钟爱的题材，几乎诸寺皆有。

实际上佛传不止十二宏化事迹，壁画和插图画师也并不将佛陀行迹限于十二构图之内，图像叙述的系列场景远远超过了传统的数字。但十二宏化事迹已成表现释迦牟尼一生行迹的通名，而不注重其具体场景的划分，此种分类基于佛教义理以及一部最重要的大乘论书，即弥勒宣说的 *Uttaratantra*〔上怛特罗〕：

> 兜率住处而下降，入胎以及降诞及，善巧诸种技艺处，嫔妃眷属嬉戏及，出离以及行苦行，趋于菩提道场及，摧伏魔军而圆满，证菩提而转法轮，以及示现入涅槃。〔1〕

我们在托林（tho ling）、塔波（ta pho）、热布加林（rab rgyas gling）

---

〔1〕 E. Obermiller (translated by)，"The Sublime Science of the Great Vehicle to Salvation, being a Manual of Buddhist Monism. The Work of Ārya Maitreya with a Commentary by Āryāsanga"，*Acta Orientalia*, 9, 1931, p. 254.

译者注：全称为 *Mahāyānottaratantraśāstra*（*theg pa chen po rgyud bla ma'i bstan bcos*）〔大乘上怛特罗论〕，《西藏大藏经总目录》第4024号，汉译参见《究竟一乘宝性论》，《大正藏》第31册，经号1611。

和达巴宗寺(zla ba rdzong)业已见过佛传,但没有一处如扎布让表现得如此细致,场景如此丰富、如此灵动,因此这些壁画亦堪称艺术品。

画师绘制佛传时不再严格地被传统图像程式所限,墨守成规,而是随其意趣表现生动场景。虽然佛陀的每一行迹都应以直观易解的方式表现,所以它们至少在主题上亦为传统固定的某些程式所囿,但艺术家的原创性则在背景、风物和形象合纵中得到了充分表现,他能于其间游刃有余、挥洒自如,使画作生机勃勃。扎布让的佚名画师在构图和色彩上均为其画作注入了个性气息,它们完全游离于我们研究的西藏西部其他画例之外。在以黄色为主调的统一背景中,红绿交映生辉,色调虽非鲜亮,却由壁面油光而熠熠生辉。宁弃精雅全像而以星散点缀、征象、意境直凸风物,岩石略勾、小树简练、僧众对称列布,使画作梦幻迷离,尽显原初艺术之魅力,佛传叙事于其间直抵意境之轻灵。藏地唐卡常见的汉风影响于此杳无声迹,我们面对的是遵循当地传统的本土画作,其间若有异域影响,也只是印度原型邈远微弱的回声。

左壁壁画业已开始蚀毁,壁面多处剥落,画作残片堆积地面,众多场景一去不返。如果不尽快采取措施的话,雨雪会将土坯墙侵蚀殆尽,不用多久,土坯墙的崩塌就会把藏传佛教圣地的最后几片流光溢彩拽拉进它的圮毁之中。

右壁壁画则保存得完好无损,我们几乎一一拍照,此当逐一说明。

图版 125 唤起的是菩萨为求取解脱智慧而在漫长苦行中的初次历练之景。河流在画面中央蜿蜒而行,其中游弋着一对天鹅,这是尼连禅河(Nairañjanā),其郁郁葱葱的河岸为禅修者提供了寂静安乐;右下方佛陀旁边有一位赤体羸瘦的苦修者,是印度艺术传统的瑜伽士身姿;这可能是释迦牟尼与郁头蓝弗(Udraka)、或罗摩(Rāma)之子乌特迦(Rudraka)相遇的情景[1]。再往上,菩萨于群山中的树下入定,周围是五位苦行者,他们是佛陀六年苦行中随侍其

135

136

---

[1] S. Lefmann, *Lalita Vistara. Leben und Lehre des Çâkya-Buddha. Textausgabe mit Varianten-, Metren- und Wörterverzeichnis*, Halle a. S., Verlag de Buchhandlung des Waisenhauses, 1902, erster Teil (*Text*), p. 243.
译者注:藏译参见《西藏大藏经总目录》第 95 号,汉译有两见:《佛说普曜经》及《方广大庄严经》,《大正藏》第 3 册,经号 186、187。

左右的五跋陀罗(pañcabhadravargīya)；因此，该图景要表现的是漫长的苦行期。然而，经此严酷磨炼后，菩萨意识到肉体的过分苦修乃匮乏体魄、昏沉心性、掉举神志的徒劳折磨而加以弃绝；于是我们看到释迦牟尼独处河对岸：他放弃严酷苦行后，五伙伴失却信心，离他而去；但菩萨益加坚固，誓证菩提。上方，菩萨坐于两位身着印度式腰布(dhotī)的童子之间，使我们想起哈肯(Hackin)所示的一些藏地唐卡的场景[1]，图画般地再现了 *Lalitavistara*［方广游戏经］所述的情节，即菩萨入甚深禅定，牧童将其当作尘土鬼(pāṃśupiśāca)而戏弄掷尘[2]。

　　或许可以反对此种比定，因为佛陀两侧小像似乎头戴宝冠，衣饰亦与通常的天众差异甚少，但古格画派所有壁绘、布绘画作中的天神和凡人均很难区分，此种宝冠见于一切形象，甚至紧邻的情节确定的场景中的善生女(Sujātā)及其侍女亦戴此种宝冠；而且，画上可清楚地看到童子肩上的背篓，足以证明他们即是佛传所述的牧童。此外，在我收集的古格画派的一大幅唐卡上以相同的图像程式再现了佛传[3]，显然取材自壁画表现的同一模式，其中所见的同一场景伴有榜题，尽管题记并非特指此情节，但无疑指称的是以此情节象征的佛陀的全部苦行，题记为：尼连禅河苦行(chu bo na rā nya dza rar[4] dka' thub)。

　　下方前景是一位正在挤奶的少女，还有围着一个大锅的两身少女，然后她们右手持钵而立，稍往上，她们面向贤坐佛陀而立。此场景不难比定，表现的是善生女(Sujātā)或难陀波罗(Nandabalā)乳糜供佛的故事，她与其侍女优多罗(Uttarā)自千头母牛取乳，于新器内制为乳糜供佛。两身站立少女表现的是善生女及其侍女以所备之食奉献于佛。稍难比定的是跪于两少女面前、作劝请姿势的两身形

---

[1]　J. Hackin, "Les scènes figurées de la vie du Buddha d'après les peintures tibétaines", in *Mémoires concernant l'Asie Orientale (Inde, Asie Centrale, Extrême-Orient)*, Paris, E. Leroux Éditeur, 1916, tome II, pp. 1 – 116.

[2]　*Lalita Vistara* I, p. 257.

[3]　译者注：［G. Tucci, *Tibetan Painted Scrolls*, vol. II, pp. 351 – 359］。

[4]　原文如此。

象,或许是劝请善生女以乳糜奉献刚刚中止禁食苦行的佛陀的天神。贤坐佛陀提示了 *Lalitavistara*［方广游戏经］所述的另一情节:他止于沙岸,亟寻坐处,时有龙妃(nāginī)从尼连禅河(Nairañjanā)涌出,持贤座(bhadrāsana)奉献于释迦牟尼。佛陀如是受坐,受用再次出现于佛陀面前的善生女与其侍女所奉之食物。

　　下一场景亦自上而始(图版 126):佛陀安坐菩提道场(bodhi-maṇḍa),右手施触地印(bhūmisparśamudrā)。其如何与表现佛陀成正觉前的随后场景协调,我不得而知,这或许征显的是佛陀气力尽复,以能再入甚深禅定。传统上说佛陀食罢善生女供养乳糜,即将受奉金钵掷至河中。此实为画面中部场景:佛陀左手托钵,趋往池水,止于池畔;然后佛陀形象再次出现,但手上无钵,附近两身龙王从池水涌出,他们或是收取佛钵的娑竭罗龙王(Sāgara)[1],或是为佛身所放光明照耀而预言菩萨如过去诸佛一样,将证得菩提,并施以顶礼的迦利龙王(Kālika)[2]。后一种比定可能更切实,因为龙王预言以及龙妃相与赞佛在佛传中占据了重要位置[3]。右下的最后一个场景表现的是佛于决定禅定期间,向刈草人吉祥(Svastika)求草敷座,后者恭敬奉献。上方,释迦牟尼趋往菩提道场(bodhimaṇḍa),犹如赴往下一场景表现的至上全胜(图版 127)。

　　释迦牟尼于菩提树下安止高座,周遭是率领魔怪兽众、暴跳如雷的魔罗(māra)。其右三身供养之像或为天神;其左魔女殷勤助阵,魅惑世尊。然而佛陀旋即降伏魔罗及其军众,魔众悉皆狼藉溃散。释迦牟尼呼召地神见证其觉悟(图版 128),世尊圆成正觉。纷乱战斗与宁静觉悟的对比在两幅紧邻的场景中得以有效表达:一是形象的光怪陆离,一是简练小树间于和煦光明中凸显的佛陀所处的明静空间。第二幅场景并非重复,而表征的是战胜魔罗后成正觉的那一刹那,如前述唐卡题记所言:黎明圆满成佛(mtho rengs mngon par rtogs pas sangs rgyas)。

139

140

---

[1]　*Lalita Vistara* I, p. 270.

[2]　*Lalita Vistara* I, p. 282.

[3]　*Lalita Vistara* I, p. 284.

141

随后场景分为三层。下部所述乃一众所周知之情节：四天王个个献钵(pātra)，佛将其一一重叠，以神通合为一钵。底层为左手持钵、身色各异之四天王；中层是前一场景之总结，仅余一位天王左手持钵，随后情节流畅，犹如电影：天王再次出现，面朝佛陀，持钵而奉；佛陀贤坐受之。为征显神通已施、四钵合一，佛陀手持之钵比例稍大。

上方，两像跪拜施禅定印(samādhimudrā)之佛陀。该场景或有两解：画师意欲表现的是佛陀成道后人天供养赞叹，世尊则入于甚深三昧，受用无上禅悦，历七七四十九日[1]；或是向佛陀顶礼施食的商人帝履富婆(Trapuṣa)和婆履(Bhallika)[2]。若后者为确，则此场景当与后一情节相关（图版129）。

142

此处可见一人物跪于佛前，似有所求，这一场景可能表现的是佛受用帝履富婆和婆履所奉蜂蜜而病，魔罗劝请其即入涅槃；故此，下方右手持不明物件之立像必为奉诃子以令佛陀痊愈之帝释天(Indra)。随后的前景中画师显然纠结了两个情节：中央，佛陀被蛇周匝缠绕，蛇冠于其头顶作盖，这是目真邻陀龙王(Mucilinda)的故事，他为了蔽护在寒风霖雨中——画面中表现为悬于佛陀头顶的积云——入定之佛陀而以其身缠绕世尊。佛陀周围有天众环绕，其中梵天(Brahmā)因其四面而易于辨认，其出现表明画师意欲暗示的是天众通过螺髻梵王(Śikhī Mahābrahmā)之口劝请佛陀为众生转法轮一事[3]。再往上，佛陀左手持钵(piṇḍapātra)而立，表明其决定初转法轮。

佛陀前趋萨尔那特(Sārnāth)，路遇手持苦行杖的邪命外道优波祇难(Ājīvaka Upagaṇa)[4]，并向其表明去波罗奈斯(Benares)弘法

---

[1] *Lalita Vistara* I, p. 381.

[2] 此场景似乎与上述提及的唐卡连续画面的位置相同，唐卡此处有榜题，其右有佛拾级而下。榜题说明这是佛升天为母说法后自三十三天而降，显然时间有误，因为几乎所有的资料都将此情节归于佛传中的另一时刻。而且，壁画全然不见梯子的痕迹。

[3] *Lalita Vistara* I, pp. 386、393.

[4] *Lalita Vistara* I, p. 405，此处仅写作邪命外道(Ājīvaka)。

之意。下一情节正是初转法轮之场景：佛陀端坐于有华盖之宝座
上，施转法轮印；座基上有表征释迦牟尼行迹中此一最胜时刻的传
统标识，中央法轮代表初转法轮，两侧鹿代表说法之地鹿野苑。周
围恭敬跪拜谛听的是诸等有情：上方是金翅鸟(garuḍa)，略下是龙王
(nāga)，然后是乾达婆(gandharva)、紧那罗(kiṃnara)，以及梵天
(Brahmā)为首之天众、苦行者。前景中顶礼的五位羸弱瑜伽士或为
佛陀最初五弟子，即所谓五跋陀罗(pañcabhadravargīya)。

　　下一场景中可见游食河畔的鹿群，以及三身立像(图版130)；稍
高处是立于树下之佛陀，一人于其面前以头顶礼，另一人作合十或
发愿姿势；林树相衬，众僧侍坐。该场景表现佛陀遇耶舍(Yaśas)于
象河(Vāraṇa)之畔。佛旁跪拜者为耶舍本人，而礼佛之在家人当是
决意阻止儿子皈依佛陀的耶舍之父，但他一睹佛颜即受戒成为首位
优婆塞(upāsaka)[1]。

　　接下来的场景不是特别清楚。上方，两人屈膝于佛前；背景中
的树列表征花园，诸种花朵点缀其中，似乎应为给孤独长者(Anātha-
piṇḍada)奉施给佛陀之祇园(Jetavana)，但此处与佛传中著名情节之
通常表现迥异。然而，唐卡中有同样的场景以及背景，题记指明其
主题为：诸王妃亦出家(btsun mo rnams kyang rab byung)。显然
古格画师的范式与传统稍有不同。背景树林表现的应为楼阁
(kūṭāgāra)。场景应分为两部，一是祈请，一是开许。第二部分中，佛
施触地印(bhūmisparśamudrā)而坐，两人于其面前跪拜顶礼；左侧为
僧众，一身人物朝佛而行，至后以头顶礼。唐卡中则将两部分作为
单一情节处理，冠以一个榜题。寡妇瞿昙弥(Gotamī)因其绿色而
易于辨认。壁画据古格画派的叙事标准对同一情节作了渐进描
述，然而，画家似未成功表现皈依佛陀之女子，并将她与男身相
区别。

　　下一场景中的两身行走之佛陀似乎是为了指出该情节与前后
场景的联系(图版131)；画面中央为施转法轮印之坐佛，受众则为右

143

144

145

---

〔1〕　此处壁画与唐卡亦完全一致。唐卡题记言及：善男子名称及其眷属出家
　　　(rigs kyi bu grags 'khor bcas rab tu byung)。

侧的六苦行者、左侧的僧众。

此一情节颇为难解，然而，唐卡再次相助，其中表现的同一场景与此分毫无差，且伴有榜题：示现双神变[1]而庄严法（rdzu 'phrul ya ma zung bstan nas chos la bkod）。我无法确知此处所载的乃是经中频频述及的哪一神变。尽管双神变是舍卫城(Śrāvastī)神变，但此处表现的不可能是这一著名情节，因为此场景根据 *Divyāvadāna* [天业譬喻]业已详述的传统程式再现于图版 132 之中[2]；天众、苦行者及小湖的出现使我们想起优楼频螺迦叶(Urubilvā Kāśyapa)的皈依和帝释天(Indra)为佛浣衣所掘之池。

下一场景将我们带入山中。佛陀于两时中为列布各异之两众说法，两部分构成一景。会众中有一药叉(yakṣa)，似从树中涌出，这是对基于寓言的神祇精灵与栖居树木联系的习惯表达，在印度可上溯至摩亨佐·达罗(Mohenjodaro)时代。对于画师意欲表现的情节我们再次从唐卡中几近一致的场景题记获知：灵鹫山法会(bya rgod phung po'i rir chos 'khor)。此并非次要行迹，而是根本行迹，至少对大乘传统而言如此。如我别处研究所言，与小乘所说只有鹿野苑说法不同，大乘认为说法不只一次，而是三转法轮，依会众根器逐次深入：在鹿野苑对声闻众(śrāvaka)转小乘四谛八正道法轮；在灵鹫山转般若波罗蜜多(Prajñāpāramitā)法轮；在吠舍离(Vaiśālī)对菩萨众转甚深秘密法轮[3]。紧随灵鹫山(Gṛdhrakūṭa)法会场景，即见佛说法于僧众中，几成同一情节之续章；下部四身人物或为听法之菩萨，唐卡将此说法之地题名为'od ma'i tshal，即王舍城(Rājagṛha)附近的迦兰陀竹林(Veṇuvana Kalandakanivāpa)，许多其他大乘经典也都演说于此。

---

[1] yamakaprātihārya.

[2] E. B. Cowell and R. A. Neil (edited by), *The Divyāvadāna. A Collection of Early Buddhist Legends now First Edited from the Nepalese Sanskrit mss. in Cambridge and Paris*, Cambridge, Cambridge University Press, 1886, p. 161.

[3] 参见克珠·格勒贝桑波(mkhas grub dge legs dpal bzang po) 的 *rgyud sde spyi rnam par bzhag brgyas par bshad pa* [续部总立广述]，第9、10叶。

解读图版 132 并不特别困难,它记录的是佛陀最著名的神变之 *147*
一即舍卫城(Śrāvastī)神变。它由两部分组成:一是对意欲千方百计
胜出世尊的外道的完全降伏;一是佛分身无数,从其自身现无量光
明,遍满虚空。壁画充分表现出了佛传及佛教艺术中享有盛名的此
神变所要求的丰富细节。佛的分身无数由端坐宝座、施转法轮印的
佛陀三身彰显,周匝金翅鸟(garuḍa)、紧那罗(kiṃnara)等天人会众围
绕,诸天中左上方可辨识出帝释天(Indra)和梵天(Brahmā);也不缺
乏佛陀此一行迹中的重要角色难陀(Nanda)和优波难陀(Upananda)。
对外道的完全降伏在壁画下部的三个连续情节中戏剧性地表现出
来:左侧,代表六师外道(tīrthika)的六位苦行者正在聚集密谋;随
即六师外道现于佛陀下方,姿态各异,画师或欲记录他们各自示现
徒劳无益的神通游戏,而其注定的可悲结局则真实再现于最后一
个情节中;他们为释迦牟尼神通力所败,在水中扑腾翻滚。依照惯
常的图像传统,整个场景由壁画上方的金刚手(Vajrapāṇi)护法 *148*
统御。

图版 133 中佛陀为僧众围绕,行走于华盖之下;身后为各色天
众;下方左右有跪拜人物;僧人均左手持钵,右手持锡杖。画中情节
亦由表现同一场景的古格唐卡榜题而知:赴城化缘(grong khyer du
bsod snyoms par phebs)。关于此城,上玛朗(mang nang)佛殿中几
近一致的壁画下部题记有所说明:"天众供养顶礼的佛陀与比丘俱
往王舍城(Rājagṛha, rgyal po'i khab)。"因此这是诸佛传中详细描述
的迦叶(Kāśyapa)皈依后,佛陀前往频婆娑罗王(Bimbisāra)处之景。
不能排除释迦牟尼周围完全一致、对称排列的僧像表现的是佛教艺
术中比想象的表现得更多的迦叶示现双神变(yamaka)[1],根据佛
传,此神变令王舍城中疑云四起,未知佛陀或迦叶谁为真正导师,直
到迦叶跪于释迦牟尼前无余皈依正法,而不信之诸婆罗门随之 *149*
皈依。

随后的场景易于解读,大象的出现记录的是反佛的提婆达多

---

[1] E. Waldschmidt, "Wundertätige Mönche in der Ostturkistanischen Hīnayāna-
Kunst", *Ostasiatische Zeitschrift*, 16 [6 neuen Folge], 1930, p. 3.

(Devadatta)意欲谋害佛陀而放出醉象护财(Dhanapāla)的故事。画作以两个相续情景表现此事：大象向佛狂冲，以及其为佛陀神力击败而逃。

图版134上方可见猴子向佛奉钵；稍右，同一猴子攀缘树上，采摘果实；梵天(Brahmā)、帝释天(Indra)立于树下；前景中诸比丘相向而坐；右侧是一正跃入井中、仅见腿部的人物。此一情节容易比定，表现的是猴子于吠舍离(Vaiśālī)向佛奉献椰汁，发愿转生善趣后即刻往生，因其虔信，死后生天。此一故事在佛教中颇为著名，吠舍离神变发生之地的佛塔应为此事而建。唐卡也表现了同一场景，榜题曰：吠舍离猴子献蜜，死后生天(yangs pa can du spre'us sbrang rtsi 'phul ba 'chi'i dus byas pas lhar skyes)。

紧接着的是佛陀一生行迹的最后时刻，即其融于无分别法界之中：佛陀右卧娑罗(śala)双树之间；周遭是神通示现的焰火中的众多佛陀分身，图画般地表现了其入涅槃(parinirvāṇa)前生起的禅悦；最后的涅槃场景中，众多天人弟子绕床跪拜顶礼。图式佛传在殿门右侧壁面继续延展，一排佛塔(mchod rten)征显世尊入灭后教法的延续：肉身荼毗，八分舍利，起塔供养。但此八大舍利塔很快即与佛传中纪念佛陀说法神变的八大圣地佛塔混融，关于这些塔《梵天佛地》第一卷里有详尽描述，毋庸再谈，仅需说明扎布让壁画八塔乃是根据我从文献中征引的程式而绘。

图版135表现的是菩提塔、天降塔、和合塔、神变塔。图版136表现的是涅槃塔、莲聚塔、尊胜塔、多门塔。八塔亦见于唐卡中，但顺序稍异。

三、建 寺 场 景

殿门左侧壁画再现的是建寺场景，因此需将其与白殿所见类似场景联系起来考虑。此一场景可以分为两个系列。第一系列表现的宗教庆典为古格王公大臣出席的寺院开光典礼(图版137)：无量寿佛(Amitāyus)端坐供台，信众面向其顶礼供养。佛右侧上排，国王、王后着盛装坐于高垫，二侍从执传统表征王权的伞盖而立，同排亦有王室诸子相随,王公大臣于其后会集。第二排是公主王妃,以及缠戴各色头巾、帽子的男子,其若非作供养之状,会被错认为克什米尔穆斯林。最后一排极其写实地表现出运载供品或毋宁说是建寺和开光所需物品的商队(图版138),其中有赶着驴、马、牦牛的汉人,克什米尔商人,肩负背篓的噶瓦尔人(Garhwal)。供案上下法器诸供成列堆积。佛左侧主持开光仪式的僧团呈三列而坐(图版139、140):前景中与其他僧人距离明显的两着严饰法衣之僧人或为寺院首座,亦有王室血统。看来古格王国延续了其开创者制定的传统,即王子之一应出家主持僧团。安夺德(Andrade)也记载了这个习俗。分别代表僧俗利益的兄弟阋墙成为王国毁灭的主因也未一定。

152

  安夺德述及的扎布让的商业重要性、集市、汉地和克什米尔商队以及古格与印度平原的商旅之关系的话语,均为葡萄牙耶稣会士到来前不久绘制的壁画所证实和描摹。礼拜人众之后,画师意欲永驻寺院开光以及依例举行的落成庆典之盛景(图版138,参照图版104)。庆典主要由面具乐舞组成,一些人假扮妖魔,即兴跃动,击节而舞,如魔附体,挥舞棍棒;一些人藏身于纸糊动物大像之内,或狮或马,均覆以精美鞍布,在乐队的长号(dung ring)声中奋迅起舞;一些人则奏响短号(rkang gling),击打诸鼓。鼓似分两种,一为站立之人击打的圆柱状鼓,一为头巾博裤之人击打的腰鼓。后者貌似印度乐师的典型身姿,使人想起戴涅理(Dainelli)[1]曾专门研究的至今遍布拉达克和西藏西部大部的以乐师或铁匠为生的门巴人(monpa)。游历过藏地的人会发现这些画作是对至今在任何乡间都在举行的僧俗庆典的忠实记录,除非这些地方荒敝如今天的古格。本人就在比西藏西部富裕得多的大吉岭(Darjeeling)和拉达克见过狮舞和鬼舞——我指的并非宗教乐舞,那完全是另外一回事——扎布让的画作似乎就是这一情景的再现。在庆祝寺院开光的众多嬉戏中,白殿记录了最有特色的一类游戏,但壁画于此严重损毁,无法拍照:一人顺溜索自岩顶而下,这是一种相当危险的游戏,至今在拉萨一

153

---

[1] R. Biasutti e G. Dainelli, *I tipi umani*, Bologna, N. Zanichelli, 1925, pp. 135–140, 160–163.

些特殊的庆典仪式上仍可睹见[1]，在印藏门户地区也较流行，例如
哈科(Harcourt)考察的尼尔曼达(Nirmand)[2]。这之后还有其他队
伍，他们肩扛牛驮运送建寺的木材，这是一项耗财耗力的工作。西
藏西部无树，巨大的梁柱顶板都得从库那瓦(Kunuwar)下部或吉德
古罗(Chitkul)长途运抵，这一路线至今依然难行，当时应更为艰险；
对熟知该地区者而言，沿喜马拉雅险径，穿越陡峭的高山峡谷和万
仞绝壁，跋山涉水历经时日运输这些巨重木材无异于奇迹。画作甚
为写实，初瞥之下即可区分出藏人和印度山民，后者赤裸腿胫、羯毯
系腰、担杖在肩，一如至今库那瓦上部和噶瓦尔(Garhwal)牧人。为
了令场景生动，甚至还有小群驮羊，均背负如驮盐之羊所用的小鞍。

　　这些画作使壁面满覆冰冷怖畏天众、于野弃荒废中落魄寂寞、
犹如冥界苍白幽灵的佛殿瞬间复活，它们投射出在此圮毁中一度跃
动的生命之光，隐约唤起集市里斑斓的熙来攘往，商队的呼三喝四，
以及驿栈歇息中不同方音的人众以物易物，交流思想，把遥远的文
化拉近。

---

[1]　C. Bell, *The Religion of Tibet*, Oxford, Clarendon Press, 1931, p. 127.

[2]　A. F. P. Harcourt, *The Himalayan Districts of Kooloo, Lahoul, and Spiti*, London, W. H. Allen and co., 1871, pp. 318 – 321; A. H. Francke, *Antiquities of Indian Tibet*, part I (*Personal Narrative*), p. 4.

第五章

总 管 殿

一、概　　况

如我在别处所言,扎布让是西藏西部的四宗之一,地区总管夏季前往地势较高、多有凉风的香孜宗(shang tse rdzong),仅在冬季返回扎布让。作为其个人佛殿的寺院外墙涂有红色,距其住宅不远。殿不大,内供有金刚怖畏(Vajrabhairava, rdo rje 'jigs byed),通常总关着,因为他们不想亵渎藏传佛教最具力势、最堪怖畏的本尊殿中之威严肃穆。1933 年我初次参访此地时,不得不巧言威逼宗堡侍卫为我开启殿门。

殿内正壁堆放有许多鎏金铜像(图版 141),其中最堪一提的是做工精细、敷设典雅的金刚怖畏(rdo rje 'jigs byed)双身像;近旁可欣赏到一尊无亚于他的密集金刚(Guhyasamāja);随后是施特定手印的贤坐弥勒(Maitreya),亦为鎏金铜像。造像均为技法精湛、范式规矩之杰作,再次记录了全藏或不再现的古格铸师刻工的精妙圆满。

二、度 母 部 组

殿内值得关注的大幅壁画鳞次栉比,虽历染岁月铅尘、部分剥落,但依然透露出金汁敷陈、笔法娴熟、靠背严饰。怒相天众与上师身像交替出现,后者如前所述,征显的是灌顶传承次第。

下方可见熟悉的天众,但据今已无法确知的怛特罗仪轨传规而化现频繁、身形众多。

首先可见多身度母(Tārā,图版 142、143),她们代表的是与将其融摄为绿度母、白度母两根本身形的常式相异的图系。如随后的名录所示,壁画表现的是八位身形各异的度母,可以推想佛殿画师应取材于有关此最盛行大乘天女供养法的广大仪轨论书,内中将其分为二十一度母。*bstan 'gyur* ［丹珠尔］la 函中的论书几乎均为供养度母而作,其中含有造者不一的诸多赞颂[1],罗列描述了藏地唐卡中常见的二十一度母。瓦德尔(Waddell)亦给出了度母名号,但无图释。因此为随时对其比定而略述二十一度母身形并非不合时宜(参见表三)。

上述二十一度母在大乘教派,以及后来的藏地均甚为流行。但据随后将给出的壁画榜题来看,此处的八度母与之迥异。显然,上述名录与壁画所列全然无关,除了上引赞颂中已将度母作为救一切难('jigs kun skyob)而召请[2],看来正是从这一称号异化衍生出扎布让表现的八度母。确实,度母在别处已被当作救度八难者而顶礼[3],此八难是使我们深陷生死轮回的八烦恼。

---

[1] 日护(Sūryagupta)所造论书在藏地最为有名,但其他作者效法的最古的二十一度母赞已见于 *sgrol ma las sna tshogs 'byung ba'i rgyud* ［度母诸业出现怛特罗］第三品(《西藏大藏经总目录》第 726 号),参见克珠杰(mkhas grub rje)的 *rgyud sde spyi'i rnam par bzhag brgyas par bshad pa* ［续部总立广述］,第 37 叶。

译者注:关于二十一度母赞,还可参见《梵天佛地》第四卷,第一册,第146 页。

[2] Cordier II, pp. 113, 114, n. 4, 6. *bstan 'gyur* ［丹珠尔］,释怛特罗部(rgyud 'grel), la 函,第 24、34 叶。

译者注:*rje btsun ma 'phags ma sgrol ma'i sgrub thabs nyi shu rtsa gcig pa'i las kyi yan lag dang bcas pa mdo bsdus pa* ［至尊圣度母成就法并二十一羯磨支分略摄］和 *Bhagavatītārādevyekaviṃśatistotrasādhana* (*bcom ldan 'das ma sgrol ma la bstod pa nyi shu rtsa gcig pa'i sgrub thabs*) ［薄伽梵度母二十一讚成就法］,《西藏大藏经总目录》第 1686、1688 号。

[3] Cordier II, p. 116, n. 21. *bstan 'gyur* ［丹珠尔］,释怛特罗部(rgyud 'grel), la 函,第 62 叶:'jigs pa brgyad skyob khyod la phyag 'tshal lo. ［成就法鬘]有 *Āryāṣṭamahābhayatārāsādhana* ［圣八难度母成就法］:B. Bhattacharyya (edited by), *Sādhanamālā*, Baroda, Oriental Institute, 1925, vol. I, p. 207. *bka' 'gyur* ［甘珠尔］中有 *'phags ma sgrol ma 'jigs pa brgyad las skyob pa'i mdo* ［圣度母救八难经］,《西藏大藏经总目录》第 731 号。

译者注:原书写作第 42 叶。参见 *Tārādevīstotrasarvārthasiddhināmastotrarāja* (*'phags ma lha mo sgrol ma'i bstod pa don thams cad grub pa zhes bya ba bstod pa'i rgyal po*) ［圣度母天女讚·一切义成讚王］,《西藏大藏经总目录》第 1703 号。

表三　二十一度母

	度母尊号	身色	面		手臂及标识			坐姿
			数量	颜色	数量	右　手	左　手	
1	奋迅(myur ma dpa' mo)	红	1		8	主臂施欢喜印		
						箭、轮、剑	弓、矛、羂索	
2	秋月(ston kha zla ba)	白	3	白、蓝、黄	12	主臂施禅定印		
						天杖、轮、宝、金刚杵、花鬘	净瓶、青莲花、铃、瓶、经函	
3	金颜(gser mdog can ma)	黄	1		10	念珠、剑、箭、金刚杵、短棍	飘带、羂索、莲花、铃、弓	金刚跏趺
4	顶髻尊胜(gtsug tor rnam rgyal ma)	黄	1		4	与愿印、念珠	净瓶、短棍	金刚跏趺
5	吽音叱咤(hūṃ gi sgra rab tu sgrogs ma)	黄	1		2	施依印	黄莲花	金刚跏趺
6	胜三界('jig rten gsum las rnam par rgyal ma)	红	1		4	金刚杵、剑	期刻印、羂索	金刚跏趺
7	破敌(gzhan 'joms ma)	黑	1		4	轮、剑	羂索、期刻印	伸左足
8	摧破魔军(bdud thams cad 'joms)	黄	1		4	无忧树枝、持宝并施与愿印	莲花、瓶	金刚跏趺
9	与愿(mchog gtsol ma)	深红	1		4	主臂施欢喜印		
						双手舞姿	持无忧树枝,为一切有情施宝雨	
10	祛一切忧(mya ngan thams cad sel bar byed ma)	红	1		4	于头顶施欢喜印		
						施剑印	无忧树枝	
11	招引一切众生('gro ba thams cad 'gugs ma)	深暗	1		2	铁钩	游戏羂索	
12	赐一切吉祥(bkra shis thams cad sbyin ma)	金	1		8	三叉戟、铁钩、金刚杵、剑	宝、铁钩、短棍、瓶	金刚跏趺
13	成熟(yongs su smin par byed ma)	红	1		4	剑、箭	轮、弓	伸右足
14	呼召忿怒('gugs pa'i khro mo)	黑	3	黑、白、红	6	剑、铁钩、短棍	盛满鲜血之颅器、羂索、人头	伸右足
15	大寂静(zhi ba chen mo)	白	1		6	念珠、与愿印、短棍	莲花、净瓶、经函	金刚跏趺
16	破欲(chags pa 'joms ma)	红	1		2	于胸前持三叉戟	胸前施印[1]	金刚跏趺
17	成就一切极乐(bde ba thams cad sgrub ma)	红黄	1		2	双手于胸前持月轮		金刚跏趺
18	尊胜(rnam rgyal ma)	白	1		4	主臂施欢喜印		金刚跏趺
						与愿印	胸前施印	
19	消苦(sdug bsngal thams cad bsreg ma)	白	1		2	双手于胸前持火器		金刚跏趺
20	赐成就(dngos grub thams cad 'byung ma)	红黄	1		2	双手持金瓶		金刚跏趺
21	圆满(yong su rdzogs par byed ma)	白	1		2	念珠	三叉戟	金刚跏趺

---

[1]　snying po dang bcas pa'i phyag rgya.

此殿所绘八度母为：

1. 救疑难度母(the tshom 'jigs skyob sgrol ma)

2. 救贪难度母('dod chags 'jigs skyob sgrol ma)

3. 救悭难度母(ser sna 'jigs skyob sgrol ma)

4. 救妒难度母(phra dog 'jigs skyob sgrol ma)

5. 救邪见难度母(lta ngan[1] 'jigs skyob sgrol ma)

6. 救嗔难度母(zhe sdang 'jigs skyob sgrol ma)

7. 救痴难度母(gti mug 'jigs skyob sgrol ma)

8. 救慢难度母(nga rgyal 'jigs skyob sgrol ma)

我将'jigs译为难，但"难"在此处应理解为具有主动含义，即"生难者"。实际上，在没有灭除度母所救八难之前，我们终将被它们牵引入佛教和印度教有识之士最怖畏的轮回漩涡之中，因此，度母是以其加持神力救度(tārayati)信者脱此八难之天女。漫长观想的特定阶段和身心净治的不同境界以不同身形的度母表征，一如净治法门的多寡。

此处我们再次发现大乘佛教研究中屡屡指出的现象，即以象征表达内观的倾向。想象总是警觉于发现瑜伽士观想攀缘之适宜身形图像，使其能内证经论所述的义理。

尽管度母于大众而言仍保留了她回应信众谦卑召请的慈悲本色，但在密教中，她则以其身形征显了救度义理的心髓。

且看这些学派如何随顺龙树(Nāgārjuna)所释解读绿度母：

> 佛母之一面代表诸法证悟于一智；身绿色代表于诸业自在[2]；两臂之右臂代表证悟世俗谛，左臂代表证悟真谛；右足展，代表弃除魔等一切过失；左足曲，代表圆满一切功德；以一切饰为饰代表圆满资粮、主从和顺；右手施与愿印，代表圆满布施波罗蜜多；左手施无畏印，代表于诸难中救度一切有情；持青莲花，代表使一切有情欢喜；如十六岁形

---

[1]　译者注：原书写作ltas ngan。

[2]　绿色也是不空成就佛的身色。

象〔1〕,代表具足成办一切有情义利之能力;月轮座代表具足
般若;斑莲座代表具足悲之自性。〔2〕

164

<h1>三、金刚手部组</h1>

度母之后是佛教委以护法之职的诸种身形的金刚手(Vajrapāṇi),
其不止通常熟知的静怒两身,而是据金刚手成就法广论所述呈现出
各种身形,但此处对其详述并非我的任务,我仅提及壁面有金刚手
的如下身形(图版 142 中第一身形象,图版 144－146)。

善趣金刚手(phyag na rdo rje 'gro bzangs)

似鹏金刚手(phyag dor〔3〕khyung 'dra)

小怒金刚手(phyag na rdo rje tum〔4〕chung)

大怒金刚手(Vajrapāṇi Caṇḍamahāroṣaṇa, phyag na rdo rje tum〔5〕
chen)

不动金刚手(Vajrapāṇi Acala, phyag na rdo rje atsala)。

这些身形或多或少是熟知或常见的:不动金刚手(Vajrapāṇi
Acala)在护法(rakṣā, srung ba)中相当频见,藏文意译为 mi g.yo ba;
gtum chung 可能对应于与 gtum chen (Caṇḍamahāroṣaṇa) 相区别之
Caṇḍaroṣaṇa。至于似鹏金刚手(图版 142),显然就是成就法(sādhana)
集成中的 Vajrapāṇicuṇḍa,藏文通常译为金翅鸟王金刚(nam mkha'
lding gi rgyal po rdo rje),此一金刚手对应于佛教化的金翅鸟,尤用于
防御蛇害,也就是说,尽管金翅鸟已融摄为真正的佛教本尊,但其形象

---

〔1〕 恒常年轻之年龄,kiśora。

〔2〕 Cordier II, p. 112, n. 1. *bstan 'gyur* [丹珠尔],释怛特罗部(rgyud 'grel),
la 函,第 5 叶背面。

译者注:*Tārāsādhana (sgrol ma'i sgrub thabs)* [度母成就法],《西藏大藏经
总目录》第 1683 号。

〔3〕 即 phyag na rdo rje。

〔4〕 gtum。

〔5〕 gtum。

和特征却全然保持不变。据仪轨论书[1]，他表现为金翼、两臂，右手持三个蛇头，左手持摩尼宝杖，如同壁画所示。我们在扎布让见过精美实例的藏地寺院塑像靠背上方的形象因其与印度原型类似亦称为金翅鸟(garuḍa)，但在佛教徒眼中它是金刚手的身形之一、大鹏金刚手(Garuḍa Vajrapāṇi)亦无不可。

调伏部多(Bhūtaḍāmara[2]，'byung po 'dul byed)作为另一怒相本尊囊括在金刚手(Vajrapāṇi)系列身形中并不奇怪(图版145)，因为他也是金刚手的一身化现。

壁画中的其他天众还有(图版146、147)：般若究竟(Prajñāntaka, shes rab mthar byed)、除障明王(Vighnāntaka, bgegs mthar byed)，欲帝明王(Ṭakkirāja, 'dod rgyal)，不动明王(Acala, mi g.yo ba)，他们频见于怛特罗经论，例如 *Guhyasamāja* [密集]中常常述及。

紧随怒相天众的是诸菩萨(图版147－150)。众所周知，大乘佛教菩萨之数无量，但出于未详之原因，一些菩萨名录在很早时期即已产生，尽管其不为所重而几乎皆居于曼荼罗外围。壁画表现的是：

普贤(Samantabhadra, kun bzang)；除盖障(Āvaraṇaviṣkambhin, sgrib pa rnam sel)；虚空藏(Ākāśagarbha, nam snying[3])；地藏(Kṣiti-garbha, sa snying)；卡萨巴尼(Khasarpaṇa)；救度六趣('gro ba drug sgrol)，即在印度边境著名的三世怙主(Trilokanāth)的神殿中得到特别供奉的观音(Avalokiteśvara)的身形之一；法慧(chos kyi blo gros)；根寂(dbang po zhi)；愿慧(smon lam blo gros)；智慧(ye shes blo gros)。

165

166

---

[1]　Cordier II, p. 326, n. 193. *Vajrapāṇirājacuṇḍasādhana* [金刚手王准提成就法]，*bstan 'gyur* [丹珠尔]，释怛特罗部(rgyud 'grel)，nyu 函，第297叶背面。
　　　译者注：即 *Vajrapatirājagaruḍasādhana* (*nam mkha' lding gi rgyal po rdo rje sgrub pa'i thabs*) [金翅鸟王金刚成就法]，《西藏大藏经总目录》第2883号。
[2]　译者注：图齐在《梵天佛地》第四卷，第二册，第433页对该本尊的梵文名号有所修正："Bhūtavināyaka 应改为 Bhūtaḍāmara。"此处径改。
[3]　nam mkha' snying po.

第六章

洛 塘 寺

一、概　　况

在扎布让下面的平地,准确地说是山脚下汇入萨特莱杰河(Sutlej)的溪流右岸矗立着另一座多塔环绕的佛殿。殿门总是紧闭,钥匙在托林寺(tho ling)堪布手中,专程前来开门的喇嘛将殿名写作洛塘神殿(blo thang lha khang),并说整个地区都将其视为译师(lo tsā ba)神殿。仁钦桑波寺皆建于平地,加之佛殿之布局均使我相信此说法。殿名很可能应订正为 lo thang dgon pa,即"平地的译师佛寺"。但即使真为大译师所建,也不意味着其未经变动。殿内今日所见壁画确与前述扎布让所见最晚壁画属同一时代。

据当地传统,墙面无不覆满壁画:高大的入定佛陀及其眷属,上师及附属天众周匝围绕。因为每一尊像均有顶礼榜题,壁画表现的部组易于比定。此次我们面对的亦为众所周知的部组,即药师佛系列。前册我们业已对其探究过,而知该系列在西藏西部古寺中极为普遍。

其身形序次如下:门左侧为呈无量寿佛(tshe dpag med)姿势之药师佛(Bhaiṣajyaguru, sman bla),即无忧最胜吉祥(mya ngan med mchog dpal)。

左壁为:妙金无垢(gser bzangs dri med);宝月(rin chen zla ba);善名称(mtshan legs);题记磨损,其右手持净瓶(kalaśa),左手施无畏印(abhaya);宗喀巴。

右壁自上而始:宗喀巴;无量寿佛(tshe dpag med);形象全毁;神通王(mngon mkhyen rgyal po,图版151)。

门上壁画题材在古格诸寺中并非罕见:骑白山羊之噶觉(kar gyal),根据布顿(bu ston)亦有收集的传统,其为仁钦桑波所调伏的源于苯教的地祇(sa dbag)〔1〕。随后为吉祥天女(dpal ldan lha mo)和大金刚(rdo rje chen mo)。

门右侧：呈大日如来(Vairocana)姿势之法海雷音(chos grags rgya mtsho)。

药师佛(sman bla)上方系列小像为忏罪仪式中所诵请的三十五佛。

内殿供有一尊大日如来常式塑像,其后有一尊释迦牟尼,背景为十六罗汉。

内殿侧壁有四铺曼荼罗,其中两铺荡然无存,另两铺几乎遭受同样命运,其一为无量寿佛(tshe dpag med)曼荼罗,另一为顶髻(gtsug tor)曼荼罗(图版 152)。

下部为我多次述及的佛传壁画。

169

---

〔1〕　参见《梵天佛地》第二卷,第64页。

附　录

（一）八大尸林仪轨文献

有关八大尸林的文献不多，但不可忽视。其梵文原本几乎佚失殆尽，唯有一个例外：发现于中国，并由菲诺(Finot)最近发表的鲁益巴(lū i pā)的 *Śmaśānavidhi*［烧尸仪轨］[1]。

菲诺(Finot)在其译文中未能认出各个尸林的专名，很明显，暴虐(Caṇḍogra)、密丛(Gahvara)等正是这些尸林的名字，因此不能被当作俗称翻译：*cimetière terrible et effrayant, (un aśvattha) touffu*，等等。在菲诺校勘的写本之外还可加上 *Vajrapradīpaṭippaṇī*［略释金刚灯］中的摘录，以及保存于 *bstan 'gyur*［丹珠尔］中的一些短论，前者是善乐金刚(Suratavajra)对 *Hevajrasādhana*［喜金刚成就法］所作注释，写本由我发现于加德满都德巴尔(Durbar)图书馆。

善乐金刚之［略释金刚灯］中的八大尸林[2]

梵　文

अथ श्मशानानि कथ्यन्ते यथानुक्रमयोगतः । पूर्वे चण्डोग्रं नाम महाश्मशानं ।

शिरीषवृक्षे गजमुखो महर्द्धिकः सितः । इन्द्रो दिक्पतिः गौरः सहस्राक्षः

शुक्लैरावतासनासीनः । वासुकिर्नागराजः पीतः गर्जितो मेघो विश्ववर्णः । सुमेरुः पर्वतश्च

---

〔1〕　L. Finot, "Manuscrits sanskrits de Sādhana's retrouvés en Chine", *Journal Asiatique*, 225, 1934, pp. 49ff.

〔2〕　写本藏于加德满都(Kathmandu)的德巴尔(Durbar)图书馆。
　　　译者注：藏译参见 *Hevajrasādhanavajrapradīpanāmaṭippaṇīśuddha* (*kye rdo rje'i sgrub thabs kyi mdor bshad pa dag pa rdo rje sgron ma*)［喜金刚成就法清净略说·金刚灯明］,《西藏大藏经总目录》第 1237 号，第 77 叶正面。

भूरत्नमयः । सितवज्रो नाम चैत्यः श्वेतः ॥

दक्षिणे करङ्कभीषणं नाम महाश्मशानं । आम्रवृक्षे महिषमुखो महर्द्धिकः कृष्णः । यमो दिक्पालो महिषारूढः कृष्णः । पद्मो नागः सितः । आवर्त्तको मेघो विश्ववर्णः । मलयः पर्वतो गौरः । पिशुनवज्रो नाम चैत्यः कृष्णः ॥

पश्चिमे ज्वालाकुलं नाम महाश्मशानं । अशोकवृक्षे मकराननो महर्द्धिकः श्वेतः । वरुणो दिक्पतिः सितः । कर्कोटको नागो रक्तः । घोरो मेघो विश्ववर्णः । कैलासः पर्वतः सितः । संज्ञावज्रो नाम चैत्यः सितः ॥

उत्तरे गह्वरं नाम महाश्मशानं । अश्वत्थवृक्षे मनुश्यमुखो महर्द्धिकः गौरः । कुबेरो दिक्पतिः गौरो नरवाहनः । तक्षको नागः कृष्णः । घुर्णितो मेघः विश्ववर्णः । मन्दरः पर्वतः श्यामः । चित्तवज्रो नाम चैत्यः गौरः ॥

ऐशान्यां लक्ष्मीवनं नाम महाश्मशानं । वटवृक्षे गोमुखो महर्द्धिकः सितः । महेश्वरो दिक्पतिः सितो गोवाहनः । शङ्खपालो नागः पीतः । चण्डो मेघो विश्ववर्णः । महेन्द्रः पर्वतः कृष्णः । वाग्वज्रो[1] नाम चैत्यः श्वेतः ॥

आग्नेय्यामट्टहासो नाम महाश्मशानं । करञ्जवृक्षे चागाननो महर्द्धिकः रक्तः । हुताशनो दिक्पतीरक्तः चागासनः । महापद्मो नागः श्यामः । घनो मेघो विश्ववर्णः । गन्धमादनः पर्वतः पीतः । कायवज्रो नाम चैत्यः रक्तः ॥

नैर्ऋत्यां घोरान्धकारो नाम महाश्मशानं । लतापर्कटीवृक्षे शवमुखो महर्द्धिकः कृष्णः । राक्षसो दिक्पतिः शवासनः कृष्णः । अनन्तो नागः पांडुरः । पुरणो मेघो विश्ववर्णः । हेमः पर्वतः श्वेतः । रत्नवज्रो नाम चैत्यः कृष्णः ॥

वाय्यव्यां किलिकिलारवं नाम महाश्मशानं । पार्थिववृक्षे मृगाननो नाम महर्द्धिकः

---

〔1〕 写本为चित्त。

श्यामः । मारुतो दिक्पति श्यामो मृगारूढः । कुलिको नागः कर्बुरः । वर्षणो मेघो विश्ववर्णः । श्रीपर्वतो नीलः । धर्मवज्रो नाम चैत्यः श्यामः ॥

译　文

　　复次依如是次第修行,诠说诸尸林。东方有称为"暴虐"之大尸林,尸利沙树上有具象面之大神变者,白色;方位主帝释天白黄色,千眼,坐于白(象)阿伊罗拔塔身上;广财龙王黄色,发声云杂色;须弥山由宝之自性所成[1];称为"白金刚"之支提为白色。

　　南方有称为"怖畏骷髅"之大尸林,庵没罗树上有具水牛面之大神变者,黑色;护方之阎摩骑水牛,黑色;莲花龙(王)白色,旋云杂色;摩罗耶山白色,称为"黑金刚"之支提为黑色[2]。

　　西方有称为"焰扰"之大尸林,阿输迦[3]树上有具摩竭鱼面之大神变者,白色;方位主水天白色;力游龙(王)红色,凶暴云杂色;冈底斯山白色,称为"想金刚"之支提为白色[4]。

　　北方有称为"密丛"之大尸林,阿说他树上有具人面之大神变者,白色;方位主俱毗罗黄色,以人为坐骑;安止龙(王)黑色,恐怖云杂色[5];曼陀罗山绿色,称为"心金刚"之支提为白色[6]。

　　东北有称为"吉祥林"之大尸林,婆吒[7]树上有具牛面之大神变者,白色;方位主大自在天白色,以牛为坐骑[8];护贝龙(王)黄

---

〔1〕　译者注:藏译为"四宝构成"(rin po che sna bzhi las gyur pas)。

〔2〕　译者注:藏译为"有称之为'黑金刚'之支提"(nag po rdo rje zhes bya ba'i mchod rten no)。

〔3〕　译者注:藏译为 kekelā。

〔4〕　译者注:藏译为"有称之为'红金刚'之支提"(dmar po rdo rje zhes bya ba'i mchod rten no)。

〔5〕　译者注:云的名字藏译为"旋绕"('khor byed)。

〔6〕　译者注:藏译为"有称之为'行金刚'之支提"('du byed rdo rje zhes bya ba'i mchod rten no)。

〔7〕　译者注:藏译为 nyagrodha。

〔8〕　译者注:藏译为"以白牛为坐骑"(glang dkar po'i bzhon pa can)。

色,暴怒云杂色;大因陀罗山黑色,称为"语金刚"之支提为白色[1]。

东南有称为"狂笑"之大尸林,迦兰伽树上有具山羊面之大神变者,红色;护方之火天红色,以山羊为坐骑;大莲龙(王)绿色,厚云杂色;香醉山黄色,称为"身金刚"之支提为红色[2]。

西南有称为"凶暴幽暗"之大尸林,波迦吒树上有具尸面之大神变者,黑色;方位主罗刹黑色,以尸体为坐骑[3];无边龙(王)白色,海云杂色;雪山白色,称为"宝金刚"之支提为黑色[4]。

西北有称为"啾啾"之大尸林,波罗提瓦[5]树上有具鹿面之大神变者,绿色;方位主风天绿色[6],骑鹿;具种龙(王)花色,雨云杂色;吉祥山青色,称为"法金刚"之支提为绿色[7]。

关于八大尸林之短论[8]

梵文：*Āṣṭaśmaśānākhyāna*,藏文：*dur khrod brgyad kyi bshad pa*。

顶礼世尊世自在!

于此诠说八大尸林。

东方尸林称为"暴虐"(gtum drag)[9],阿鲁罗(arura)[10]树上有

---

[1] 译者注：此据图齐改,写本为"心金刚"(cittavajra),藏译为"有称之为'心金刚'之支提"(sems kyi rdo rje zhes bya ba'i mchod rten no)。

[2] 译者注：藏译未提及颜色。

[3] 译者注：藏译为"具尸面"(ro'i gdong can),gdong 应为 gdan。

[4] 译者注：藏译未提及颜色。

[5] 译者注：藏译为 paṭali。

[6] 译者注：藏译未提及颜色。

[7] 译者注：藏译未提及颜色。

[8] Cordier II, p. 74, n. 16. 瑜伽士(rnal 'byor pa)所造, *bstan 'gyur*［丹珠尔］,释怛特罗部(rgyud 'grel), wa 函,第357叶背面。

译者注：《西藏大藏经总目录》第1216号。

[9] Caṇḍogra.

[10] 等于梵文诃子(harītakī)。B. Laufer, "Loan-words in Tibetan", *T'oung Pao*, 17, 1916, p. 464, n. 62.

译者注：汉译参见赵衍荪译,《藏语中的借词》,北京：中国社会科学院民族研究所少数民族语言研究室编印,1981年。

称之为"暴虐"之大主[1],白色,具象面[2];树前方位主帝释天(dbang po)黄色[3],右手持金刚杵,左手施期剋印,骑白象护地(sa srung)[4];广财(Vāsuki)龙王黄色;发声(sgra sgrogs)[5]云蓝色。

北方尸林称为"密丛"(tshang tshing can)[6],菩提树[7]上有称之为"密丛"(Gahvara)[8]之大主,具人面,黄色;树前方位主丑身(lus ngan)黄色[9],右手施无畏印,左手持棍棒[10],以尸体为坐骑[11];安止('jog po)龙王红色[12];雾云(smugs pa)白色[13]。

西方尸林称为"焰扰骷髅"('bar bas 'khrigs pa'i keng rus)[14],无忧(mya ngan med)树上有称之为"焰扰骷髅"之大主,摩竭鱼首,黄色;树前方位主水天(Varuṇa)白色,骑摩竭鱼,右手施期剋印,左手持羂索;力游(stobs kyi rgyu)龙王绿色;凶暴云白色。

南方尸林称为"怖军"('jigs sde),伐楼罗(barura)树上有称之为"怖军"之大主,具人面,黑色;树前方位主阎摩(Yama)黑色,右手持

---

[1] 栖止于尸林八大树上的所有的大主(bdag nyid chen po)都是药叉(yakṣa),他们的名字通常与尸林相同。

[2] 译者注:藏译将面(gdong)写为色(mdog)。

[3] Indra.

[4] 阿伊罗拔塔(Airāvata)。

[5] Garjita.

[6] Gahvara.

[7] 菩提树就是佛陀在其下成正觉的阿说他(aśvattha)树。

[8] 刻本不清楚。
译者注:德格版和那塘版均写作 ba gar。

[9] 俱毗罗(Kubera)。

[10] 刻本的 ghaha 明显是 gadā 的讹误,这是俱毗罗(Kubera)的传统标识,在梵天图像中亦如此。T. A. Gopinatha Rao, *Elements of Hindu Iconography*, Madras, The Law Printing House, 1916, vol. II, part II, pp. 535－536.

[11] 有疑问。
译者注:藏译为 thung zhing gter la gzhon pa。

[12] Takṣaka.

[13] Ghana.

[14] 藏译提示梵文原文为 Jvālākulakaraṅka,这仅在菲诺出版的鲁益巴(lūipa)所造短论中再次发现,善乐金刚(Suratavajra)的论书中 Karaṅka 出现于南方尸林的名字中。L. Finot, "Manuscrits sanskrits de Sādhana's retrouvés en Chine", p. 50.

棍,左手持羂索,骑水牛;莲花龙王白色,密云黄色。

火天隅(东南)尸林称为"吉祥林"(dpal gyi nags),迦兰伽(karañja)树上有称之为"吉祥林"之大主,具山羊面,白色;树前方位主火天(byin za)红色,右手持念珠,左手持净瓶,骑山羊;大莲龙王白色;旋('khyil ba)云红色。

离实隅(bden bral,西南)尸林称为"凶暴幽暗"('jigs pa'i mun pa),优昙波罗(udumbara)树上有称之为"凶暴"之大主,具水牛面,黑色;树前方位主罗刹离实(srin po bden bral),黑色,右手施期剋印,左手持人头,骑人尸;无边龙王蓝色,发声(sgra sgrogs)云黄色。

风隅(西北)尸林称为"啾啾"(kīlikīla sgrogs pa),有修(srid sgrub)树上有称之为"啾啾"之大主,具水牛面,烟色;树前方位主风天白色,左右手持风幡(rlung gi snam bu),骑鹿;具种龙王花色;雨('bebs pa)云绿色。

东北尸林称为"狂笑"(ha har rgod pa),尼拘陀(nyagrodha)树上有称之为"狂笑"之大主,具牛面,白色;树前方位主自在(dbang ldan)蓝灰色,右手持三叉戟,左手持颅器,骑牛;护贝龙王黄色;暴怒云杂色。

因此,上述三篇论书遵循的几乎是相同的程式,可以回溯至同一个传统,总结如下表。

八 大 尸 林

方位	名　称	树	龙王	山	支提	云	方位主
东	暴虐(Caṇḍogra)	尸利沙(śirīṣa)或阿鲁罗(arura)	广财(Vāsuki)	须弥(Sumeru)	白金刚(Sitavajra)	发声(Garjita)	帝释天(Indra)
南	怖畏骷髅(Karaṅkabhiṣaṇa)	庵没罗(āmra)	莲花(Padma)	摩罗耶(Malaya)	黑金刚(Piśunavajra)	旋(Āvarttaka)	阎摩(Yama)
西	焰扰(Jvālākula)	阿输迦(aśoka)	力游(Karkoṭa)	冈底斯(Kailāsa)	想金刚(Saṃjñāvajra)	凶暴(Ghora)	水天(Varuṇa)
北	密丛(Gahvara)	阿说他(aśvattha)	安止(Takṣaka)	曼陀罗(Mandara)	心金刚(Cittavajra)	恐怖(Ghurṇita)	俱毗罗(Kubera)
东南	狂笑(Aṭṭahāsa)或吉祥林(Lakṣmīvana)	迦兰阇(karañja)	大莲(Mahāpadma)	香醉(Gandhamādana)	身金刚(Kāyavajra)	厚(Ghana)或旋(Āvarttaka)	火天(Hūtāśana)
东北	吉祥林(Lakṣmīvana)或狂笑(Aṭṭahāsa)	婆吒(vaṭa)或尼拘陀(nyagrodha)	护贝(Śaṅkhapāla)	大因陀罗(Mahendra)	语金刚(Vāgvajra)[1]	暴怒(Caṇḍa)	大自在天(Maheśvara)
西南	凶暴幽暗(Ghorāndhakāra)	波迦吒(latāparkaṭī)或优昙波罗(udumbara)	无边(Ananta)	雪山(Hema)	宝金刚(Ratnavajra)	海(Purāṇa)或发声(Garjita)	罗刹(Rākṣasa)
西北	啾啾(Kilikilārava)	波罗提瓦(pārthiva)或有修(arjuna)	具种(Kulika)	吉祥山(Śrīparvata)	法金刚(Dharmavajra)	雨(Varṣaṇa)	风天(Māruta)

---

［1］ 写本为心金刚(cittavajra)。

此外，*bstan 'gyur*［丹珠尔］中还有两篇佚名的有关八大尸林的短论[1]。两篇中的后者并不重要，它多少遵循了上述表格中的脉络，但前者差异甚大，明显来自完全不同的传统：

方位	名　　　称	树	方位主	龙　　王	云
东	狂笑 (Aṭṭahāsa)	龙华 (nāgapuṣpa)	帝释天 (dbang po)	大莲 (padma chen po)	凶暴 (Ghora)
南	折利呾罗 (tsaritra)	庵没罗 (āmra)	阎摩 (gshin rje)	具种 (rigs ldan)	暴怒 (Caṇḍa)
西	憍罗山 (Kolagiri)	阿说他 (aśvattha)	水天 (chu bdag)	力游 (stobs kyi rgyu)	厚 (Ghana)
北	阇衍帝 (dzayanti)	奔那伽 (punnagara)[2]	丑身 (lus ngan po)	护贝 (dung skyong)	旋 (Āvartta)
东北	乌仗那 (Ujjayana)	尼拘陀 (nyagrodha)	楼陀罗 (drag po)	安止 ('jog po)	发声 (Gardzita)
东南	钵逻耶伽 (Prayāga)	迦兰伽 (karañja)	火天 (me)	莲花 (padma)	恐怖 (Gharmata)[3]
西南	那曲萨玛 (rna 'chus sa ma)	茉莉 (latadzata)[4]	罗刹 (srin po)	无边 (mtha' yas)	雨 ('bab ba)[5]
西北	天女砦 (Devīkoṭa, lha mo'i mkhar)	优昙波罗 (udumbara)	风天 (rlung)	广财 (nor rgyas)	海 (Puraṇa)

该名录看来受到了印度教和佛教常见的圣地(pīṭha)名录的影响，甚至如憍罗山(Kolagiri)、钵逻耶伽(Prayāga)、天女砦(Devīkoṭa)等地在印度教中比在佛教中更有名。Ujjayana 可能就是 Uḍḍiyāna，rna 'chus sa ma 可能就是 Karṇāṭa。

---

［1］ Cordier II, p. 74, n. 13, 14. *Aṣṭaśmaśāna*［八大尸林］，*bstan 'gyur*［丹珠尔］，释怛特罗部(rgyud 'grel)，wa 函，第 354 叶以下。也可比较 Cordier II, p. 83, n. 44. *Śrīherukabhūtanāmamamaṇḍalopāyikā*［吉祥嘿噜嘎生起曼荼罗仪轨］，*bstan 'gyur*［丹珠尔］，释怛特罗部(rgyud 'grel)，zha 函，第 317 叶。
译者注：《西藏大藏经总目录》第 1212、1213、1261 号。
［2］ 即 punnāga。
［3］ 可能是 ghurṇita 的讹误。
［4］ latā jāti.
［5］ Varṣaṇa.

(二) 密集部组三十二天众[1]

1. 不动金刚(Akṣobhyavajra, mi bskyod rdo rje)或金刚持(Vajradhara, rdo rje 'chang),深蓝色。三面:主面青(怒相,drag po),右面白(静相),左面红(表达贪);六臂:右手持金刚杵、轮、莲花,左手持铃、宝、剑[2]。

2. 金刚大日如来(rdo rje rnam snang mdzad)即大日如来(Vairocana),白色。三面:白、深蓝、红;六臂:右手持轮、金刚杵、白莲花,左手持铃、宝、剑。

3. 金刚宝幢(rdo rje rin chen tog)即宝生佛(Ratnasambhava),金色。三面:金、青、白;六臂:右手持摩尼宝、金刚杵、轮,左手持铃、金莲花、剑。

4. 无边金刚(Amitavajra, mtha' yas rdo rje)即无量光(Amitābha),红色。三面:红、青、白;六臂:左手靠于腿处,持莲茎,右手齐胸开启莲瓣,另外四臂,右手持金刚杵、轮,左手持宝、剑[3]。

---

[1]　参看本册第 26 页。
　　译者注:该附录图齐并非根据藏文原文翻译,而是参考藏译并有所补充。译者亦参照藏译对图齐的描述有所补充。
[2]　该样式的不动佛(Akṣobhya)有专门的名称:嗔金刚(Dveṣavajra, zhe sdang rdo rje)。嗔金刚或其简称密集金刚(Guhyasamāja, gsang ba 'dus pa)的形象频见于西藏西部的擦擦上,此地因仁钦桑波及其弟子之功,*Guhyasamāja*［密集］得到了广泛传播。该样式的表现参见《梵天佛地》第一卷,第 63 页(图版 33.b),我根据擦擦压印的真言而将其误认为金刚空行(Vajraḍāka)。但仪轨论书中的图像描述以及我在西藏西部寺院中所见的该本尊形象无疑确定他就是嗔金刚,即作为密集曼荼罗主尊的不动佛。该本尊的精美表现可在日寺(ri)见到。关于此寺,参看 G. Tucci ed E. Ghersi, *Cronaca della missione scientifica Tucci*, pp. 359－363。
[3]　译者注:藏译此处为右手开启莲花,持金刚杵、轮,左手持铃、莲茎、宝剑。

5. 不空金刚(Amoghavajra),绿色。三面：绿、青、白；六臂：右手持剑、交杵金刚(viśvavajra)、轮,左手持铃、绿莲花、摩尼宝。

6. 佛眼母(Locanā),白色。宝冠上有大日如来(Vairocana)；三面六臂,与大日如来相似,但以白色优波罗花(utpala)代替莲花(padma)[1]。

7. 忙莽计母(Māmakī),青色。头冠上有不动佛(Akṣobhya)；与不动佛相似,但以蓝色优波罗花代替莲花。

8. 白衣母(Pāṇḍaravāsinī),红色。头冠上有无量光佛(Amitābha)；与无量光佛相似,但以红色优波罗花代替莲花。

9. 绿度母(Śyāmatārā)。头冠上有不空成就佛(Amogha)；与不空成就佛相似,六臂：右手持交杵金刚、轮、有金刚标识之优波罗花左手持铃、宝、剑。

10. 色金刚母(Rūpavajrī, gzugs rdo rje ma),白色。头冠上有大日如来；与佛眼母相似,但第一双手持明镜。

11. 声金刚母(Śabdavajrī, sgra rdo rje ma),黄色。头冠上有宝生佛(Ratnasambhava)；三面：黄、青、白；与忙莽计母相似,但第一双手弹奏多弦琴。

12. 香金刚母(Gandhavajrī, dri rdo rje ma),红色。头冠上有无量光佛；与白衣母相似,但第一双手持小螺。

13. 味金刚母(Rasavajrī, ro rdo rje ma),绿色。头冠上有不空金刚(Amoghavajra)；与度母(Tārā)相似,但第一双手持胜味容器(ro mchog dag pa'i snod)。

14. 触金刚母(Sparśavajrī, reg bya rdo rje ma),拥抱不动金刚。

15. 弥勒(Maitreya),白色。头冠上有大日如来；与大日如来相似,但右第一手持龙须花(nāgakeśara)。

16. 地藏(Kṣitigarbha),白色。头冠上有大日如来；与大日如来相似。

17. 金刚手(Vajrapāṇi),黄色。头冠上有宝生佛(Ratnasambhava)；与宝生佛相似。

---

[1] 莲花对应 *Nelumbium speciosum*,优波罗花对应 *Nymphea stellata*。
译者注：藏译仅说持优波罗花(utpala),utpala 一般译为青莲,但图齐此处及以下对优波罗花作了颜色区分。

18. 虚空藏(Ākāśagarbha),与前者相似。

19. 世自在(Lokeśvara),红色。头冠上有无量光佛(Amitābha);与无量光佛相似。

20. 文殊(Mañjuśrī),同上。

21. 除盖障(Āvaraṇaviṣkambhin),绿色。头冠上有不空成就佛(Amoghasiddhi);与不空成就佛相似。

22. 普贤(Samantabhadra),同上。

    以上二十二天众均为静相(śānta, śiva)。

23. 阎摩敌(Yamāri[1], gshin rje gshed),黑色。头冠上有大日如来(Vairocana);三面:黑、白、红;六臂:右手持杖、轮、金刚杵,左手齐胸施期剋印、持羂索,另两手持铃、钺斧。

24. 无能胜(Aparājita, gzhan gyis mi thub)或般若究竟(Prajñāntaka, shes rab mthar byed),白色。头冠上有宝生佛;三面:白、黑、红;六臂:右手持金刚杵、有金刚标识的杖、剑,左手同上[2]。

25. 马头明王(Hayagrīva, rta mgrin),红色。头冠上有无量光佛;三面:红、黑、白;六臂:右手持莲花、剑、杵(gtum shing),左手同上[3]。

26. 甘露军荼利明王(Amṛtakuṇḍali, bdud rtsi 'khyil)或除障明王(Vighnāntaka, bgegs mthar byed),黑色。头冠上有不空成就佛;三面:黑、白、红。六臂:右手持交杵金刚、轮、杵,左手施期剋印,持铃、钺斧。

27. 不动明王(Acala, mi g.yo ba),黑色。头冠上有大日如来;三面:黑、红、白。六臂;右手持剑、金刚杵、轮;左手胸前施期剋印,持钺斧、羂索。

28. 欲帝明王(Ṭakkirāja, 'dod rgyal),深蓝色。头冠上有宝生佛

---

[1] 译者注:原书写作 Yamānta。
[2] 译者注:藏译为(右手持)金刚杵、杖、施期剋印,(左手持)羂索、铃、钺斧:phyag drug rdo rje dbyug pa sdigs mdzub zhags / dril bu dgra sta 'dzin mdzad khro chen sku /。
[3] 译者注:藏译为左手持铃、钺斧、羂索。

(Ratnasambhava)；三面：深蓝、白、红。六臂：主臂施作吽印，余右手持金刚杵、剑，左手持羂索、铁钩。

29. 蓝杖明王(Nīladaṇḍa, dbyug sngon can)，蓝色。头冠上有无量光佛(Amitābha)；三面：蓝、红、白。六臂；右手持有金刚标识之蓝杖、剑、轮，左手齐胸施期剋印、持羂索、另两手持莲花、钺斧[1]。

30. 大力明王(Mahābala, stobs po che)，蓝色。头冠上有不空成就佛(Amoghasiddhi)；三面：黑、红、白；六臂：右手持有金刚标识之黑杖、金刚杵、轮，左手齐胸施期剋印、持三叉戟、钺斧[2]。

31. 顶髻转轮(Uṣṇīṣacakravartin, gtsug tor 'khor los bsgyur ba)，蓝色。头冠上有不动佛(Akṣobhya)；三面：蓝、红、白。六臂：主臂施顶髻印，余右手持金刚杵、莲花，左手施期剋印，持剑。

32. 妙损明王(Śumbha, gnod mdzes)，黑色。头冠上有不动佛；三面：黑、红、白。六臂；右手持金刚杵、轮、摩尼宝，左手齐胸施期剋印、持莲花、剑[3]。

最后十天众为怒相，他们配列于曼荼罗周围，消除妨碍仪式或修法者禅观的违缘障碍。

除了标识和身色不同，十忿怒天众的表现遵循同样的图式。据我们所用的仪轨论书，他们均为褐发直立；睫毛和胡子如炽燃火焰；红面有三只炽燃眼睛；四獠牙突出而大笑；颦眉；大腹下垂，以宝为饰；腰系虎皮裙；黄贝壳为手镯；脚踝处环绕大莲花蛇，作为脚镯。

---

[1] 译者注：藏译为左手施期剋印、持剑、钺斧。
[2] 译者注：藏译为右手持杖、剑、轮，左手施期剋印，持剑、钺斧。
[3] 译者注：藏译为左手施期剋印并持羂索，(余二手)持莲花、剑。

（三）护 法 部 组[1]

1. 金刚萨埵(Vajrasattva, rdo rje sems dpa')，白色。三面：主面静相白色，右面黄色，左面绿色，左右面为怒相；六臂：主臂拥与其相似之明妃(śakti)，并持金刚杵、铃，余右手持颅器(kapāla)、羂索，左手持莲花、钩；金刚跏趺坐(vajraparyaṅka)，着骷髅冠。

2. 作吽金刚(Hūṃkāra, hūṃ mdzad)，蓝色。头冠上有金刚萨埵；三面：蓝、黄、绿。六臂：主臂如前像，余右手持钩、天杖(khaṭvāṅga)，左手持羂索、颅器；以十五骷髅为冠，五十人头为鬘；伸右足，曲左足，分踏魔障主怖畏和时夜女(dus mtshan ma)。

3. 金刚常(Vajranitya, rdo rje rtag pa)，蓝色。三面：蓝、黄、绿；六臂：右手持颅器、羂索、铃，左手持天杖、钩、鼗鼓；最后两臂拥与其相似之明妃；伸右足，踏帝释天。

4. 金刚日(Vajrasūra, rdo rje nyi ma)，黄色。三面：黄、黑、绿；六臂：右手持颅器、羂索、铃，左手同上；明妃亦同上；伸右足，踏药叉(yakṣa)。

5. 金刚顶髻(Vajroṣṇīṣa, rdo rje gtsug tor)，红色。三面：红、黄、绿；六臂：右手持颅器、羂索、铃；左手同上；明妃亦同上；伸右足，踏水天。

6. 金刚军荼利(Vajrakuṇḍa, rdo rje thab sbyor)，绿色。三面：绿、黄、黑；六臂，标识及明妃同上；踏阎摩(gshin rje)。

7. 金刚药叉(Vajrayakṣa, rdo rje gnod sbyin)，灰色。三面：灰、黄、绿；手臂、标识及明妃同上；踏火天。

8. 金刚时(Vajrakāla, rdo rje dus)，白色。三面：白、黄、绿；手臂、标

---

[1] 参见本册第30页。

识及明妃同上;踏罗刹。

9. 金刚大力(Mahābala, rdo rje stobs po che),黑色。三面:黑、黄、绿;手臂、标识及明妃(śakti)同上;踏风天。

10. 金刚怖畏(Vajrabhairava, rdo rje 'jigs byed),蓝色。三面:蓝、黄、绿;手臂、标识及明妃同上;踏自在天。

11. 顶髻转轮(Uṣṇīṣacakra, gtsug tor 'khor los 'gyur ba),白色。三面:白、黄、绿;八臂:右手持金刚杵、钩、三叉戟、颅器(kapāla);左手持铃、羂索、天杖(khaṭvāṅga);踏梵天。

12. 地下金刚(rdo rje sa 'og),黑色。三面:黑、绿、黄。八臂:右手持金刚杵、钩、三叉戟、颅器;左手持铃、羂索、轮、天杖;踏净心非天(thags bzang ris)。

（四）关于胜乐和金刚怖畏
的藏文论书

关于胜乐部组成就法和仪轨的藏文论书

1. རྣལ་འབྱོར་གྱི་དབང་ཕྱུག་ལུ་ཨི་པའི་ལུགས་ཀྱི་བཅོམ་ལྡན་འདས་འཁོར་ལོ་སྡོམ་པའི་སྒྲུབ་པའི་ ཐབས་བདེ་ཆེན་གསལ་བ། *rnal 'byor gyi dbang phyug lū i pa'i lugs kyi bcom ldan 'das 'khor lo sdom pa'i sgrub pa'i thabs bde chen gsal ba* [瑜伽自在鲁益巴传规之世尊总摄轮成就法·大乐显明], *rgyal ba tsong kha pa chen po'i bka' 'bum* [宗喀巴文集]，ད函，第 333 号

2. རྣལ་འབྱོར་དབང་ཕྱུག་དྲིལ་བུ་ལུགས་བདེ་མཆོག་ལུས་དཀྱིལ་གྱི་མངོན་རྟོགས་དགོངས་པ་རབ་ གསལ། *rnal 'byor dbang phyug dril bu lugs bde mchog lus dkyil gyi mngon rtogs dgongs pa rab gsal*
   [瑜伽自在铃者传规胜乐身曼荼罗现观·密意显明], *rgyal ba tsong kha pa chen po'i bka' 'bum* [宗喀巴文集]，ཐ函，第 336 号

3. རྣལ་འབྱོར་དབང་ཕྱུག་དྲིལ་བུ་ལུགས་བདེ་མཆོག་ལུས་དཀྱིལ་གྱི་དབང་ཆོ་ག་རིན་པོ་ཆེའི་བང་ མཛོད། *rnal 'byor dbang phyug dril bu lugs bde mchog lus dkyil gyi dbang cho ga rin po che'i bang mdzod*
   [瑜伽自在铃者传规胜乐身曼荼罗灌顶仪轨宝藏], *rgyal ba tsong kha pa chen po'i bka' 'bum* [宗喀巴文集]，ཐ函，第 337 号

4. དྲིལ་བུ་ལྷ་ལྔའི་སྒྲུབ་ཐབས་དངོས་གྲུབ་ཀྱི་བང་མཛོད། *dril bu lha lnga'i sgrub thabs dngos grub kyi bang mdzod*
   第二世达赖喇嘛根敦嘉措(dge 'dun rgya mtsho)：[铃者五天成就法·悉地库]，ད册，第 889 号

5. བདེ་མཆོག་དྲིལ་བུ་ལུགས་ཀྱི་སྦྱིན་སྲེག *bde mchog dril bu lugs kyi sbyin sreg*
   第二世达赖喇嘛根敦嘉措(dge 'dun rgya mtsho)：[胜乐铃者传

规之护摩］，ན册，第889号

6. གྲུབ་ཆེན་དྲིལ་བུ་ལུགས་ཀྱི་བདེ་མཆོག་ལུས་དཀྱིལ་གྱི་བསྐྱེད་རིམ། *grub chen dril bu lugs kyi bde mchog lus dkyil gyi bskyed rim*

第二世达赖喇嘛根敦嘉措(dge 'dun rgya mtsho)：［大成就者铃者传规之胜乐身曼荼罗生起次第］，ན册，第889号

7. དཔལ་འཁོར་ལོ་སྡོམ་པའི་རིམ་པ་དང་པོའི་ལམ་ལ་སློབ་པའི་ཚུལ་གོ་བདེ་བར་བརྗོད་པ་འདོད་པ་འཇོ་བའི་སྙིང་པོ། *dpal 'khor lo sdom pa'i rim pa dang po'i lam la slob pa'i tshul go bde bar brjod pa 'dod pa 'jo ba'i snying po*

第二世达赖喇嘛根敦嘉措(dge 'dun rgya mtsho)：［吉祥总摄轮初次第道学法易解诠说·如意心髓］，ན册，第889号

8. སློབ་དཔོན་དྲིལ་བུ་ཞབས་ཀྱི་ལུགས་ཀྱི་འཁོར་ལོའི་རྫོགས་རིམ་པ་ལྔའི་གནད་དོན་གསལ་བར་བྱེད་པའི་ཉི་མའི་འོད་ཟེར། *slob dpon dril bu zhabs kyi lugs kyi 'khor lo'i rdzogs rim pa lnga'i gnad don gsal bar byed pa'i nyi ma'i 'od zer*

第二世达赖喇嘛根敦嘉措(dge 'dun rgya mtsho)：［阿阇梨铃者传规之轮之五圆满次第要义·显明日光］，ན册，第889号

9. དཔལ་འཁོར་ལོ་བདེ་མཆོག་གི་མངོན་དཀྱིལ། *dpal 'khor lo bde mchog gi mngon dkyil*

贝·杰瓦旺波(dpal rgyal ba dbang po)：［吉祥胜乐轮之现前曼荼罗］，噶举派(bka' brgyud pa)论书，ད函，第961号

10. བཅོམ་ལྡན་འདས་དཔལ་འཁོར་ལོ་སྡོམ་པའི་སྤྱི་བཤད་ཐེག་མཆོག་བདུད་རྩིའི་དགའ་སྟོན་ཡེ་ཤེས་ཆེན་པོའི་སྨན་མཆོག། *bcom ldan 'das dpal 'khor lo sdom pa'i spyi bshad theg mchog bdud rtsi'i dga' ston ye shes chen po'i sman mchog*

昂旺仁增朗杰多吉(ngag dbang rig 'dzin rnam rgyal rdo rje)：［世尊吉祥总摄轮总述·殊胜乘甘露喜宴大智良药］，竹巴噶举('brug pa bka' brgyud)论书，第122号

11. དཔལ་འཁོར་ལོ་སྡོམ་པ་འགྲུབ་ཆེན་དྲིལ་བུ་ཞབས་ཀྱི་ལུགས་ལྷ་ལྔའི་སྒྲུབ་ཐབས་བདེ་ཆེན་དབང་གི་རྒྱལ་པོ། *dpal 'khor lo sdom pa 'grub chen dril bu zhabs kyi lugs lha lnga'i sgrub thabs bde chen dbang gi rgyal po*

洛桑格桑嘉措(blo bzang bskal bzang rgya mtsho)：［吉祥总摄轮

大成就者铃者传规五天成就法·大乐灌顶王], 第 463 号

12. དཔལ་འཁོར་ལོ་སྡོམ་པ་དྲིལ་བུ་ལུགས་ཀྱི་ཕྱི་དཀྱིལ་ལྷ་ལྔའི་སྒྲུབ་ཐབས་ལོ་པན་ཞལ་ལུང་། *dpal 'khor lo sdom pa dril bu lugs kyi phyi dkyil lha lnga'i sgrub thabs lo pan zhal lung*

第二世达赖喇嘛根敦嘉措 (dge 'dun rgya mtsho) : [吉祥总摄轮铃者传规之外曼荼罗五天成就法·译师班智达言教], 第 196 号

13. བདེ་མཆོག་དྲིལ་བུ་ལུགས་ལྷ་ལྔའི་དབང་གི་བརྒྱུད་འདེབས། *bde mchog dril bu lugs lha lnga'i dbang gi brgyud 'debs*

洛桑格桑嘉措 (blo bzang bskal bzang rgya mtsho) : [胜乐铃者传规五天之灌顶传承启请], ㄲ函, 第 469 号

14. བདེ་མཆོག་བསྡུས་པའི་རྒྱུད་ཀྱི་རྒྱ་ཆེར་བཤད་པ་སྦས་པའི་དོན་ཀུན་གསལ་བ། *bde mchog bsdus pa'i rgyud kyi rgya cher bshad pa sbas pa'i don kun gsal ba*

宗喀巴: [胜乐略怛特罗广释·隐义普显], 第 327 号

关于大金刚怖畏的藏文论书

15. དཔལ་རྡོ་རྗེ་འཇིགས་བྱེད་ཆེན་པོའི་བསྐྱེད་རིམ་གྱི་རྣམ་བཞག་གསལ་བའི་གཙུག་རྒྱན། *dpal rdo rje 'jigs byed chen po'i bskyed rim gyi rnam bzhag gsal ba'i btsug rgyan*

克珠杰 (mkhas grub rje) : [吉祥大金刚怖畏生起次第安立·显耀顶饰], ৯函, 第 604 号

16. བཅོམ་ལྡན་འདས་དཔལ་རྡོ་རྗེ་འཇིགས་བྱེད་ཆེན་པོའི་འཕྲུལ་འཁོར་གྱི་ཆོ་ག་རྟོག་པ་གསུམ་པའི་རྒྱ་ཆེར་བཤད་པ་ཁམས་གསུམ་རྣམ་པར་རྒྱལ་བའི་ཉི་འོད། *bcom ldan 'das dpal rdo rje 'jigs byed chen po'i 'phrul 'khor gyi cho ga rtog pa gsum pa'i rgya cher bshad pa khams gsum rnam par rgyal ba'i nyi 'od*

克珠杰 (mkhas grub rje) : [世尊吉祥大金刚怖畏幻轮仪轨第三品之广释·三界全胜日光], ৯函, 第 642 号

17. དཔལ་རྡོ་རྗེ་འཇིགས་བྱེད་ཆེན་པོའི་སྒྲུབ་ཐབས་བདུད་ཐམས་ཅད་ལས་རྣམ་པར་རྒྱལ་བ། *dpal rdo rje 'jigs byed chen po'i sgrub thabs bdud thams cad las rnam par rgyal ba*

宗喀巴：［吉祥大金刚怖畏成就法・全胜诸魔］，ཐ函，第 343 号

18. རྗེ་རིན་པོ་ཆེའི་འཇིགས་བྱེད་ཀྱི་ཕྱག་མཚན་སོགས་ཀྱི་བཤད་པའི་ཟིན་བྲིས། *rje rin po che'i 'jigs byed kyi phyag mtshan sogs kyi bshad pa'i zin bris*

宗喀巴：［杰仁波切所述怖畏标识等笔记］，ད函，第 351 号

19. དཔལ་གཤིན་རྗེ་གཤེད་ལྷ་བཅུ་གསུམ་མ་རྣམས་ཀྱི་དཀྱིལ་འཁོར་དུ་དབང་བསྐུར་པ་བསྒྲུབས་པའི་ཐབས་ཀྱི་ཆོ་ག་རིན་པོ་ཆེའི་ཕྲེང་བ། *dpal gshin rje gshed lha bcu gsum ma rnams kyi dkyil 'khor du dbang bskur pa bsgrubs pa'i thabs kyi cho ga rin po che'i phreng ba*

宗喀巴：［吉祥阎摩敌十三天曼荼罗灌顶成就法仪轨宝鬘］，ཐ函，第 345 号

20. བསྟན་སྲུངས་དམ་ཅན་རྒྱ་མཚོའི་མིང་གི་གྲངས། *bstan srungs dam can rgya mtsho'i ming gi grangs*

隆多喇嘛(klong rdol bla ma)：［具誓护法海之名录］，klong rdol bla ma'i gsung 'bum［隆多喇嘛文集］，པ册

21. རྒྱལ་བའི་བསྟན་སྲུང་གི་གཙོ་བོ་ཡོངས་སུ་གྲགས་པ་རྣམས་བསྟན་ཅིང་མཆོད་གཏོར་འབུལ་ཚུལ་སྙིགས་པོར་བྲལ་བ་གསེར་གྱི་གཡུང་དྲུང་། *rgyal ba'i bstan srung gi gtso bo yongs su grags pa rnams bstan cing mchod gtor 'bul tshul snyigs por bral ba gser gyi g.yung drung*

［护持胜教之名闻诸尊依止供食法・清净渣滓金之雍仲］，第 747 号

22. དཔལ་རྡོ་རྗེ་འཇིགས་བྱེད་ཀྱི་བསྐྱེད་རྫོགས་སྙིང་པོར་སྒྲིལ་བ་གསང་བདེ་འཇིགས་གསུམ་ཡ་མ་བྲལ་བ་ཉམས་སུ་ལེན་ཚུལ་ཚིགས་བཅད་དུ་བསྡེབས་པ། *dpal rdo rje 'jigs byed kyi bskyed rdzogs snying por sgril ba gsang bde 'jigs gsum ya ma bral ba nyams su len tshul tshigs bcad du bsdebs pa*

洛桑意希(blo bzang ye shes)：［吉祥金刚怖畏生圆心髓汇集・密集胜乐怖畏三无分修持法偈颂启请］

དཔལ་རྡོ་རྗེ་འཇིགས་བྱེད་བཅུ་གསུམ་མའི་སྒྲུབ་ཐབས་མདོར་བསྡུས་སྨོན་ལམ། *dpal rdo rje 'jigs byed bcu gsum ma'i sgrub thabs mdor bsdus smon lam*

洛桑意希(blo bzang ye shes)：［吉祥十三金刚怖畏成就法略摄祈愿］，ཕ函，第 938 号

23. བཅོམ་ལྡན་འདས་དཔལ་རྡོ་རྗེ་འཇིགས་བྱེད་ཆེན་པོའི་བསྐྱེད་རྫོགས་དམར་འཁྲིད་བརྒྱུད་འདེབས།
*bcom ldan 'das dpal rdo rje 'jigs byed chen po'i bskyed rdzogs
dmar 'khrid brgyud 'debs*

洛桑格桑嘉措(blo bzang bskal bzang rgya mtsho) :〔世尊吉祥大
金刚怖畏生圆直指传承启请〕,ཕ函,第 461 号

24. བཅོམ་ལྡན་འདས་དཔལ་རྡོ་རྗེ་འཇིགས་བྱེད་ཆེན་པོའི་བསྐྱེད་རིམ་གྱི་ཟབ་ཁྲིད་ཐུན་མོང་མ་ཡིན་
པའི་ཚུལ་བཤད་པ་མཆོག་ཐུན་དངོས་གྲུབ་གཏེར་མཛོད། *bcom ldan 'das dpal rdo
rje 'jigs byed chen po'i bskyed rim gyi zab khrid thun mong ma yin
pa'i tshul bshad pa mchog thun dngos grub gter mdzod*

洛桑格桑嘉措(blo bzang bskal bzang rgya mtsho) :〔世尊吉祥大
金刚怖畏生起次第甚深指导不共法诠说・共不共成就宝藏〕,ཕ
函,第 468 号

25. དཔལ་རྡོ་རྗེ་འཇིགས་བྱེད་ཀྱི་བསྐྱེད་རིམ་གྱི་ཟབ་ཁྲིད་ཐུན་མོང་མ་ཡིན་རྒྱལ་བ་གཉིས་པའི་ཞལ་
ལུང་གྲུབ་པའི་དབང་ཕྱུག་ཀུན་གི་བཞུད་ལམ་སྐལ་བ་རྦད་ཐར་པའི་འཇུག་ངོགས། *dpal rdo
rje 'jigs byed kyi bskyed rim gyi zab khrid thun mong ma yin rgyal
ba gnyis pa'i zhal lung grub pa'i dbang phyug kun gi bzhud lam
skal ba rbad thar pa'i 'jug ngogs*

〔吉祥大金刚怖畏生起次第不共甚深指导第二佛陀言教・一切
成就自在之入道・有缘无余解脱之津梁〕,写本第 115 号,佚名

26. དཔལ་རྡོ་རྗེ་འཇིགས་བྱེད་ར་ལུགས་དཀྱིལ་འཁོར་གྱི་ཆོ་ག་རབ་གསལ་སྣང་བ། *dpal rdo
rje 'jigs byed rva lugs dkyil 'khor gyi cho ga rab gsal snang ba*

竹巴噶举('brug pa bka' brgyud) 强巴永丹(byams pa yon tan) :
〔吉祥金刚怖畏热译师传规曼荼罗仪轨显明〕,写本第 431 号

སརྟ་མངྒ་ལཾ།། །།

参 考 文 献

A Comparative Analytical Catalogue of the Kanjur Division of the Tibetan Tripitaka Edited in Peking during the K'ang-hsi Era, and at Present Kept in the Library of the Otani Daigaku Kyoto, Kyoto, The Otani Daigaku Library, 1930 – 1933, 3 vols.

Bagchi, Prabodh C. (edited by), *Kaulajñāna-nirṇaya and Some Minor Texts of the School of Matsyendranātha*, Calcutta, Metropolitan Printing and Publishing House, 1934.

Beckh, *Verzeichnis* = Beckh, Hermann, *Verzeichnis der tibetischen Handschriften der Königlichen Bibliothek zu Berlin*, Berlin, Behrend and Co., 1914, erste Abteilung (Kanjur [Bkah·hgyur]).

Bell, Charles, *The Religion of Tibet*, Oxford, Clarendon Press, 1931.

Bendall Cecil, *Catalogue of the Buddhist Sanskrit Manuscripts in the University Library Cambridge*, Cambridge, Cambridge University Press, 1883.

Bhattacharyya, Benoytosh (edited by), *Sādhanamālā*, Baroda, Oriental Institute, 1925, vol. I.

Biasutti, Renato e Giotto Dainelli, *I tipi umani*, Bologna, N. Zanichelli, 1925.

Cordier, Palmyr, *Catalogue du Fonds Tibétain de la Bibliothèque Nationale. Index du Bstan-ḥgyur*, Paris, Imprimerie Nationale E. Leroux, 1909 – 1915, 2 parties.

    Cordier II = Cordier, Palmyr, *Catalogue du Fonds Tibétain de la Bibliothèque Nationale. Index du Bstan-ḥgyur (Tibétain 108 – 179)*, Paris, Imprimerie Nationale E. Leroux, 1909, deuxième partie.

    Cordier III = Cordier, Palmyr, *Catalogue du Fonds Tibétain de la Bibliothèque Nationale. Index du Bstan-ḥgyur (Tibétain 180 – 332)*, Paris, Imprimerie Nationale E. Leroux, 1915, troisième partie.

Cowell, Edward B. and Robert A. Neil (edited by), *The Divyāvadāna. A Collection of Early Buddhist Legends now First Edited from the Nepalese Sanskrit mss. in Cambridge and Paris*, Cambridge, Cambridge University Press, 1886.

Dawa-Samdup, Kazi (edited by), *Shrīchakrasambhāra Tantra. A Buddhist Tantra*, London-Calcutta, Luzac and co.-Tracker, Spink and co., 1919.

Filliozat, Jean, "Le Kumāratantra de Rāvaṇa", *Journal Asiatique*, 226, 1935, pp. 1 – 66.

Finot, Louis, "Manuscrits sanskrits de Sādhana's retrouvés en Chine", *Journal Asiatique*, 225, 1934, pp. 1 – 86.

Francke, August H., *Antiquities of Indian Tibet*, Calcutta, Superintendent Government Printing, 1914, part I (*Personal Narrative*); 1926, part II (*The Chron-*

114

icles of Ladakh and Minor Chronicles).

Getty, Alice, *The Gods of Northern Buddhism. Their History, Iconography and Progressive Evolution through the Northern Buddhist Countries*, Oxford, Clarendon Press, 1914.

Gopinatha Rao, T.A., *Elements of Hindu Iconography*, Madras, The Law Printing House, 1914–1916, 2 vols.

Grünwedel, Albert, *Mythologie des Buddhismus in Tibet und der Mongolei. Führer durch die lamaistische Sammlung des Fürsten E. Uchtomskij*, Leipzig, F.A. Brockhaus, 1900.

Grünwedel, Albert (übersetzt von), *Tāranātha's* Edelsteinmine, *das Buch von den Vermittlern der Sieben Inspirationem*, Petrograd, Imprimerie de l'Académie Impériale des Sciences, 1914.

Hackin, Joseph, "Les scènes figurées de la vie du Buddha d'après des peintures tibétaines", in *Mémoires concernant l'Asie Orientale (Inde, Asie Centrale, Extrême-Orient)*, Paris, E. Leroux Éditeur, 1916, tome II, pp. 1–116.

Harcourt, Alfred F.P., *The Himalayan Districts of Kooloo, Lahoul, and Spiti*, London, W.H. Allen and co., 1871.

Keith, Arthur B., *Catalogue of the Sanskrit and Prākrit Manuscripts in the Library of the India Office*, Oxford, Clarendon Press, 1935, vol. II (*Brahmanical and Jaina Manuscripts*) [with a Supplement *Buddhist Manuscripts* by F.W. Thomas], part II (nos. 6628–8220).

Lalou, Marcelle, *Répertoire du Tanǰur d'après le catalogue de P. Cordier*, Paris, Bibliothèque Nationale, 1933.

Laufer, Berthold, *Ein Sühngedicht der Bonpo. Aus einer Handschrift der Oxforder Bodleiana*, Wien, Carl Gerold's Sohn (Buchhändler der kais. Akademie der Wissenschaften), 1900.

Laufer, Berthold, "Loan-words in Tibetan", *T'oung Pao*, 17, 1916, pp. 403–552.

Lefmann, Salomon, *Lalita Vistara. Leben und Lehre des Çâkya-Buddha. Textausgabe mit varianten-, Metren-und Wörterverzeichnis*, Halle a. S., Verlag der Buchhandlung des Waisenhauses, 1902, erster Teil (*Text*).

Lalita Vistara I = Lefmann, Salomon, *Lalita Vistara. Leben und Lehre des Çâkya-Buddha. Textausgabe mit Varianten-, Metren- und Wörterverzeichnis*, Halle a. S., Verlag der Buchhandlung des Waisenhauses, 1902, erster Teil (*Text*).

Mus, Paul, "Barabuḍur. Les origines du stūpa et la transmigration. Essai d'archéologie religieuse comparée. Sixième partie: Genèse de la boud-dhologie mahāyāniste", *Bulletin de l'École Française d'Extrême-Orient*, 34, 1934, pp. 175–400.

Nanjio Bunyiu(南条文雄), *A Catalogue of the Chinese Translation of the Buddhist Tripitaka the Sacred Canon of the Buddhists in China and Japan*, Oxford, Clarendon Press, 1883.

Obermiller, Eugéne (translated by), "The Sublime Science of the Great Vehicle to Salvation, being a Manual of Buddhist Monism. The Work of Ārya Maitreya with a Commentary by Āryāsanga", *Acta Orientalia*, 9, 1931, pp. 81–306.

Obermiller, Eugéne, "A Study of the Twenty Aspects of śūnyatā (Based on Haribhadra's *Abhisamayālaṃkāra-ālokā* and the *Pañcaviṃ Śatisāhasrikā-prajñāpāramitā-sūtra*)", *The Indian Historical Quarterly*, 9, 1933, pp. 170–187.

Panaśīkara, Vāsudeva Ś. (edited by), *Sūtasaṃhitā. With the Commentary of Śri-man Mādhavāchārya*, Poona, The Ānandāśrama Press, 1893.

Ribbach, Samuel H., *Vier Bilder des Padmasambhava und seiner Gefolgschaft*, Hamburg, Lütcke and Wulff, E. H. Senats Buchdruckern, 1917.

Schlagintweit, Emil, *Buddhism in Tibet Illustrated by Literary Documents and Objects of Religious Worship. With an Account of the Buddhist Systems Preceding it in India*, Leipzig-London, F. A. Brockhaus-Trübner and co., 1863.

Shastri, Haraprasad, *A Catalogue of Palm-leaf and Selected Paper Mss. Belonging to the Durbar Library, Nepal*, Calcutta, The Baptist Mission Press, 1915, vol. II.

Shastri, Haraprasad, *A Descriptive Catalogue of Sanskrit Manuscripts in the Government Collection under the Care of the Asiatic Society of Bengal*, Calcutta, The Baptist Mission Press, 1917, vol. I (*Buddhist Manuscripts*).

Thomas, Frederick W., "The Language of Ancient Khotan", *Asia Major*, 2, 1925, pp. 250–271.

Thomas, Frederick W., *Tibetan Literary Texts and Documents Concerning Chinese Turkestan*, London, The Royal Asiatic Society, 1935, part I (*Literary Texts*).

Tucci, Giuseppe, "Animadversiones Indicae", *Journal and Proceedings of the Asiatic Society of Bengal*, 26, 1930, pp. 125–160 [G. Tucci, "Animadversiones Indicae", in G. Tucci, *Opera Minora*, Roma, G. Bardi Editore, 1971, parte I, pp. 195–229].

Tucci, Giuseppe, "Hitherto Unknown in Tibet: Paintings Recalling the Art of Ajanta", *The Illustrated London News*, January 18, 1936, p. 81.

Tucci, Giuseppe ed Eugenio Ghersi, *Cronaca della missione scientifica Tucci nel Tibet occidentale (1933)*, Roma, Reale Accademia d'Italia, 1934.

Tucci, Giuseppe and Eugenio Ghersi, *Secrets of Tibet being the Chronicle of the Tucci Scientific Expedition to Western Tibet (1933)*, London-Glasgow, Blackie and Son Ltd., 1935.

Ui Hakuju *et alii* (edited by), *A Complete Catalogue of the Tibetan Buddhist Canons (Bkaḥ-ḥgyur and Bstan-ḥgyur)*, Sendai, Tōhoku Imperial University, 1934.

Van Gulik, Robert H., *Hayagrīva. The Mantrayānic Aspect of Horse-cult in China and Japan*, Leiden, E. J. Brill, 1935.

Waddell, Laurence A., *The Buddhism of Tibet or Lamaism with its Mystic Cults, Symbolism and Mythology, and in its Relation to Indian Buddhism*, London, W. H. Allen and co., 1895.

Waldschmidt, Ernst, "Wundertätige Mönche in der Ostturkistanischen Hīnayāna-Kunst", *Ostasiatische Zeitschrift*, 16 [6 neuen Folge], 1930, pp. 3–9.

图　版

（第 17、19 页）

（第14、19页）

a

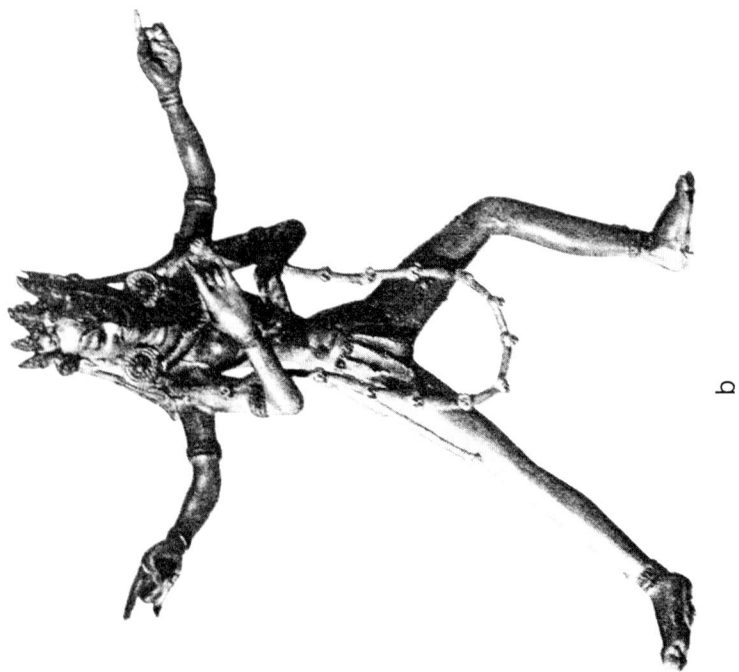

b

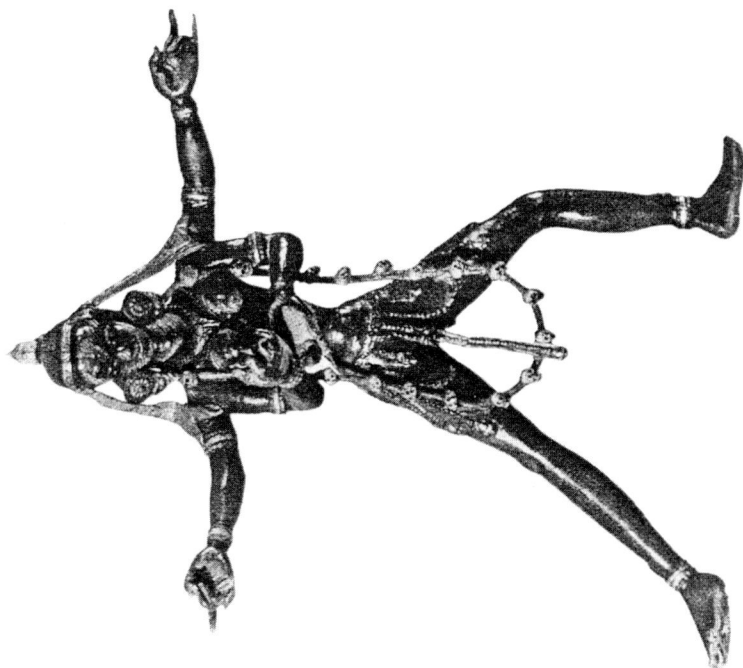

a

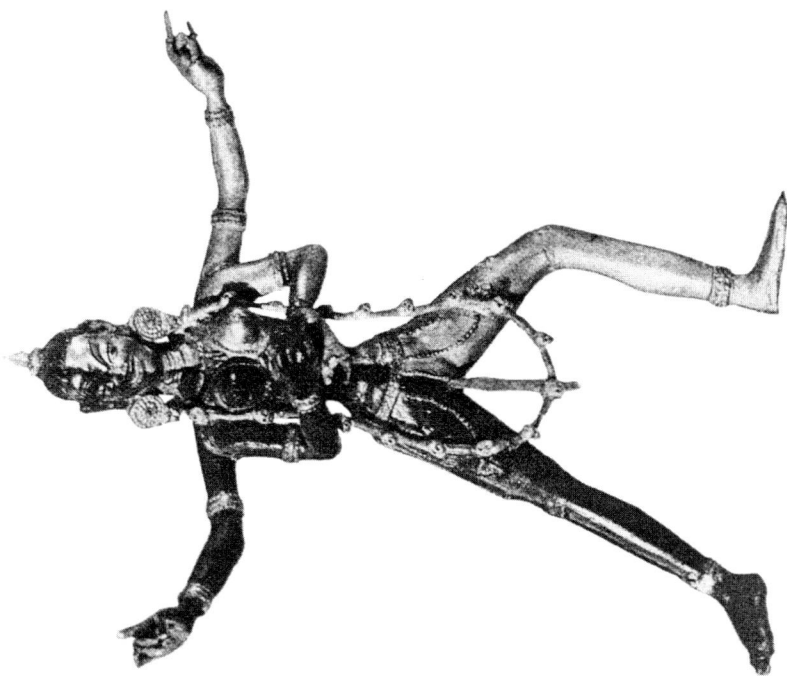

b

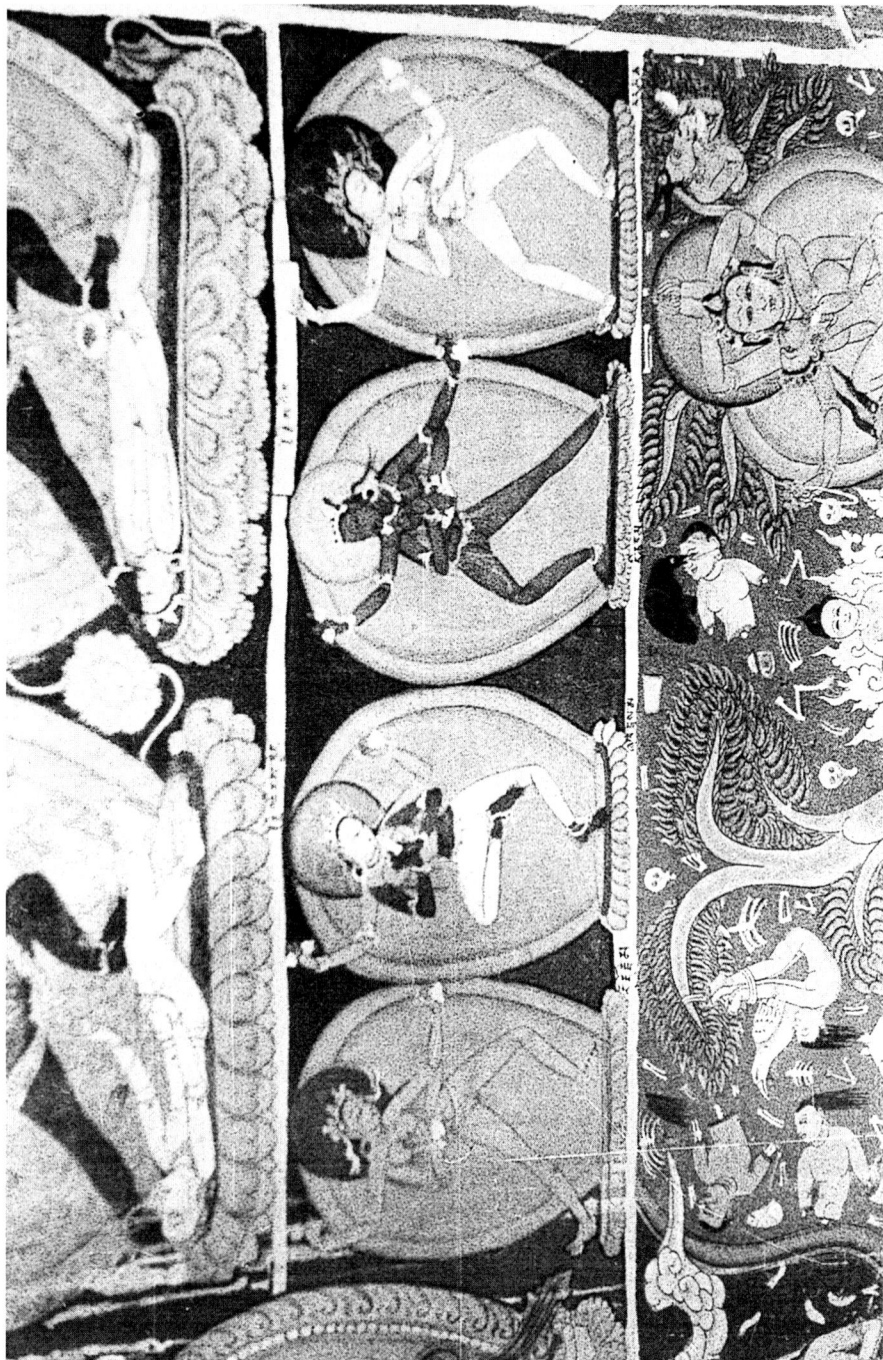

（第20、23页）

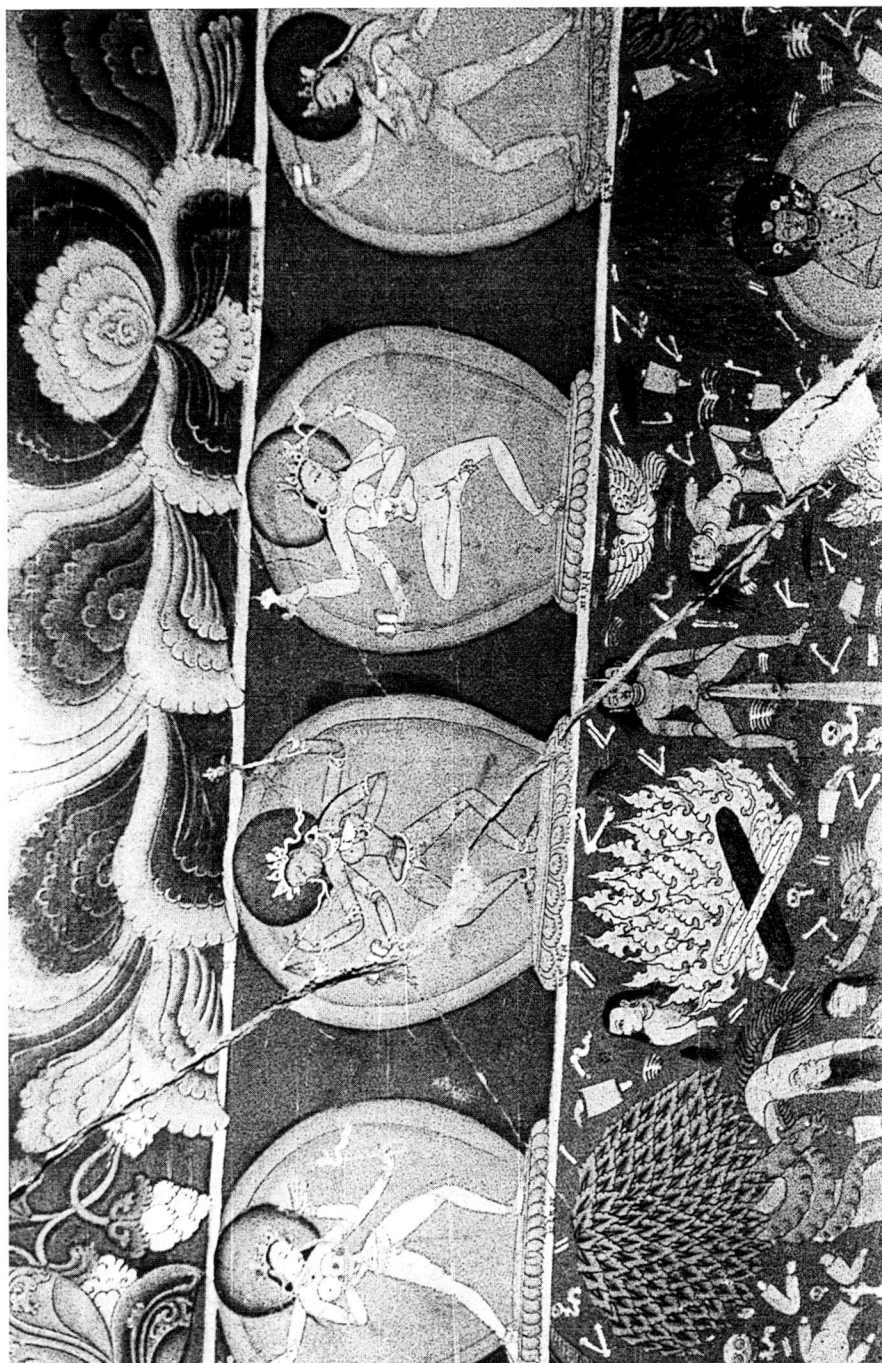

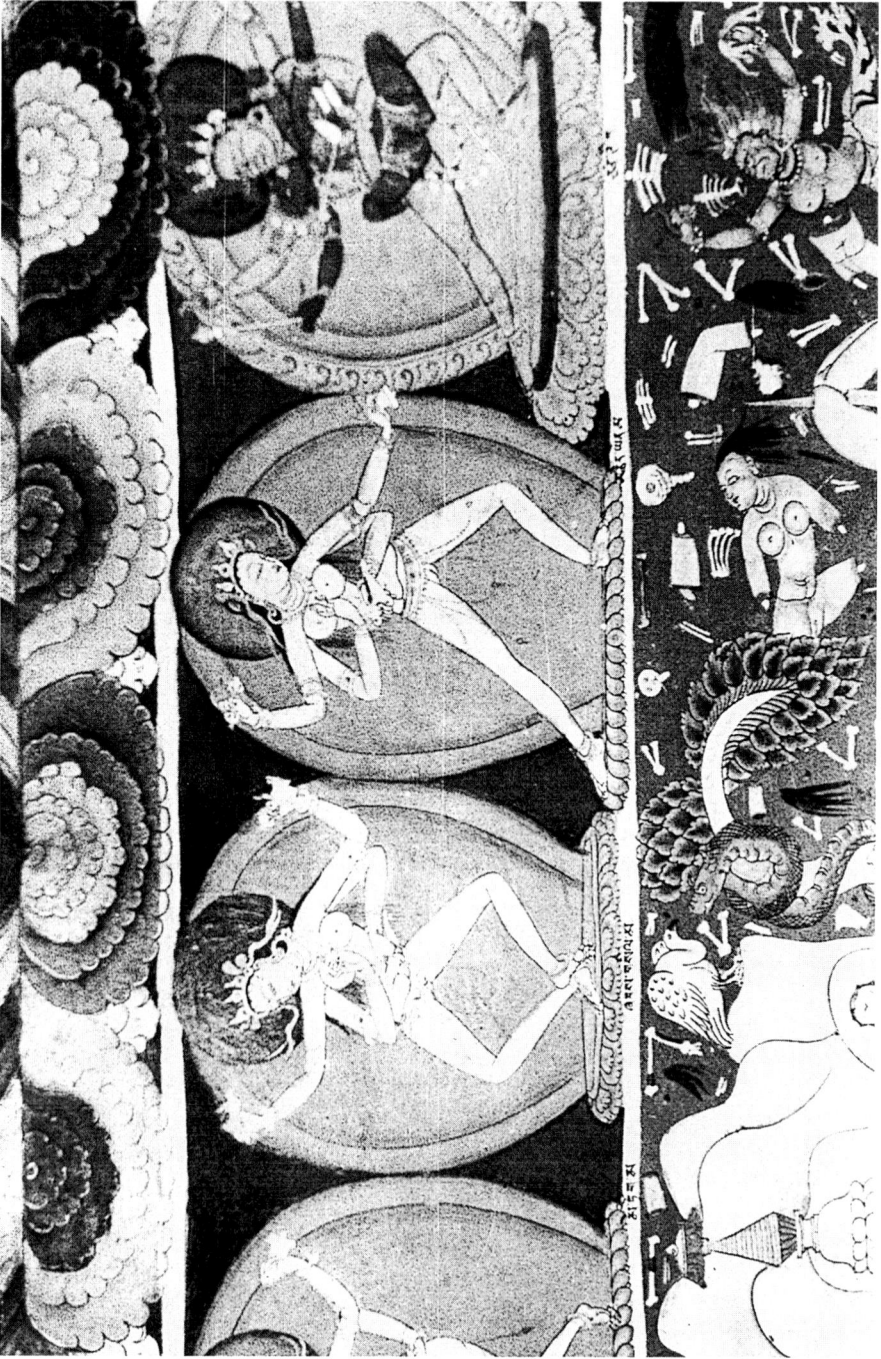

（第 28 页）

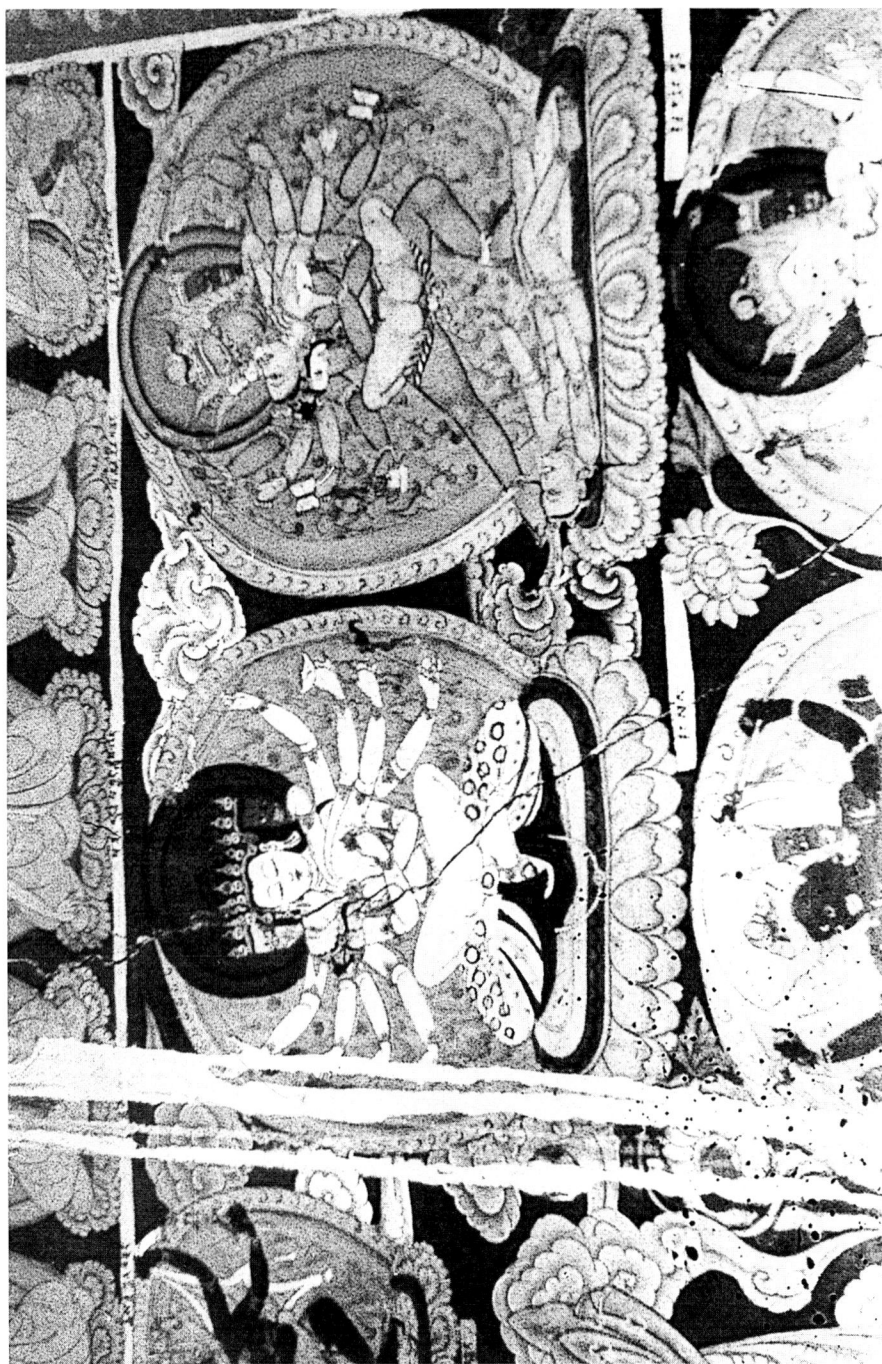

（第 30、34 页）

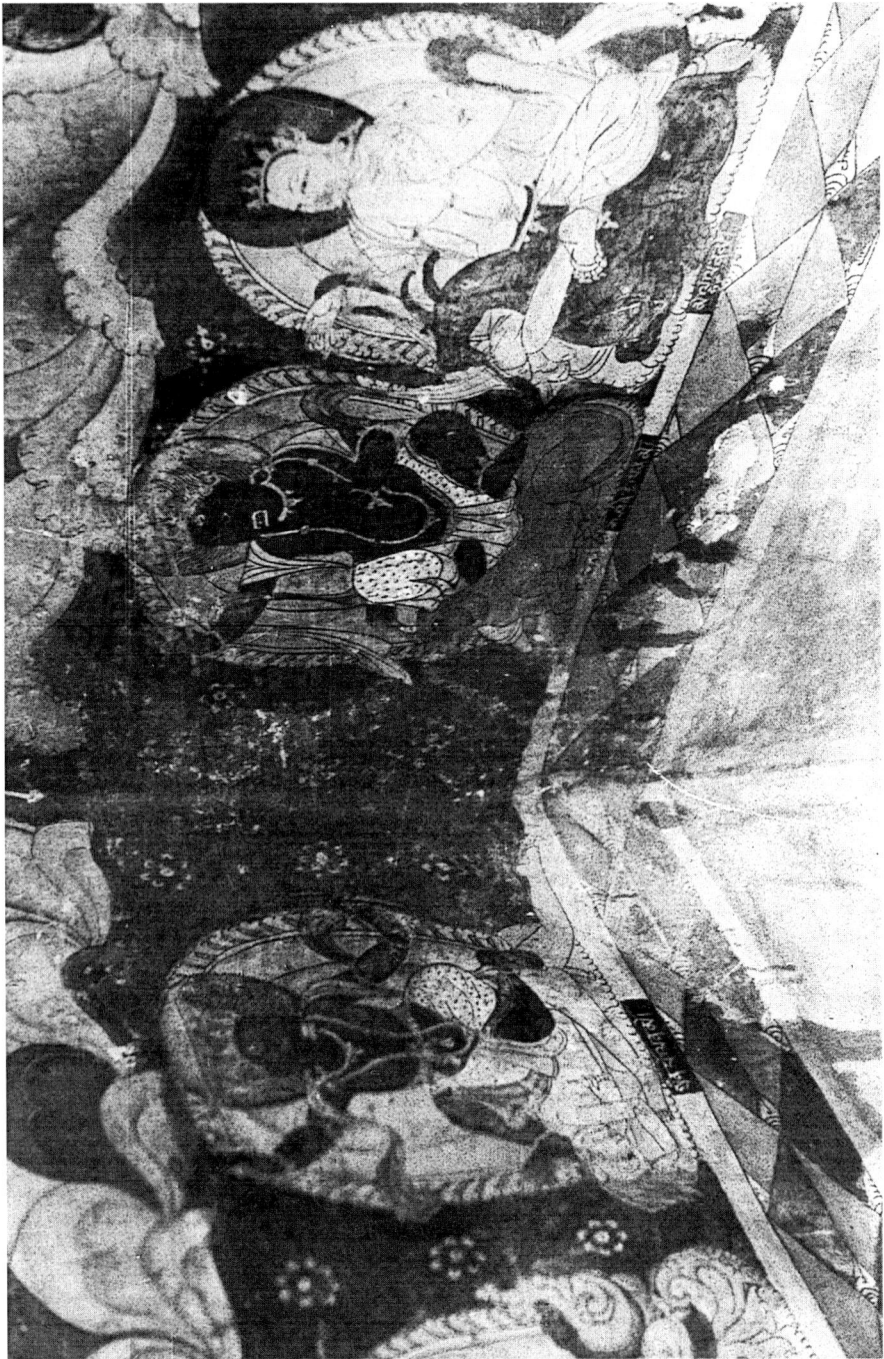

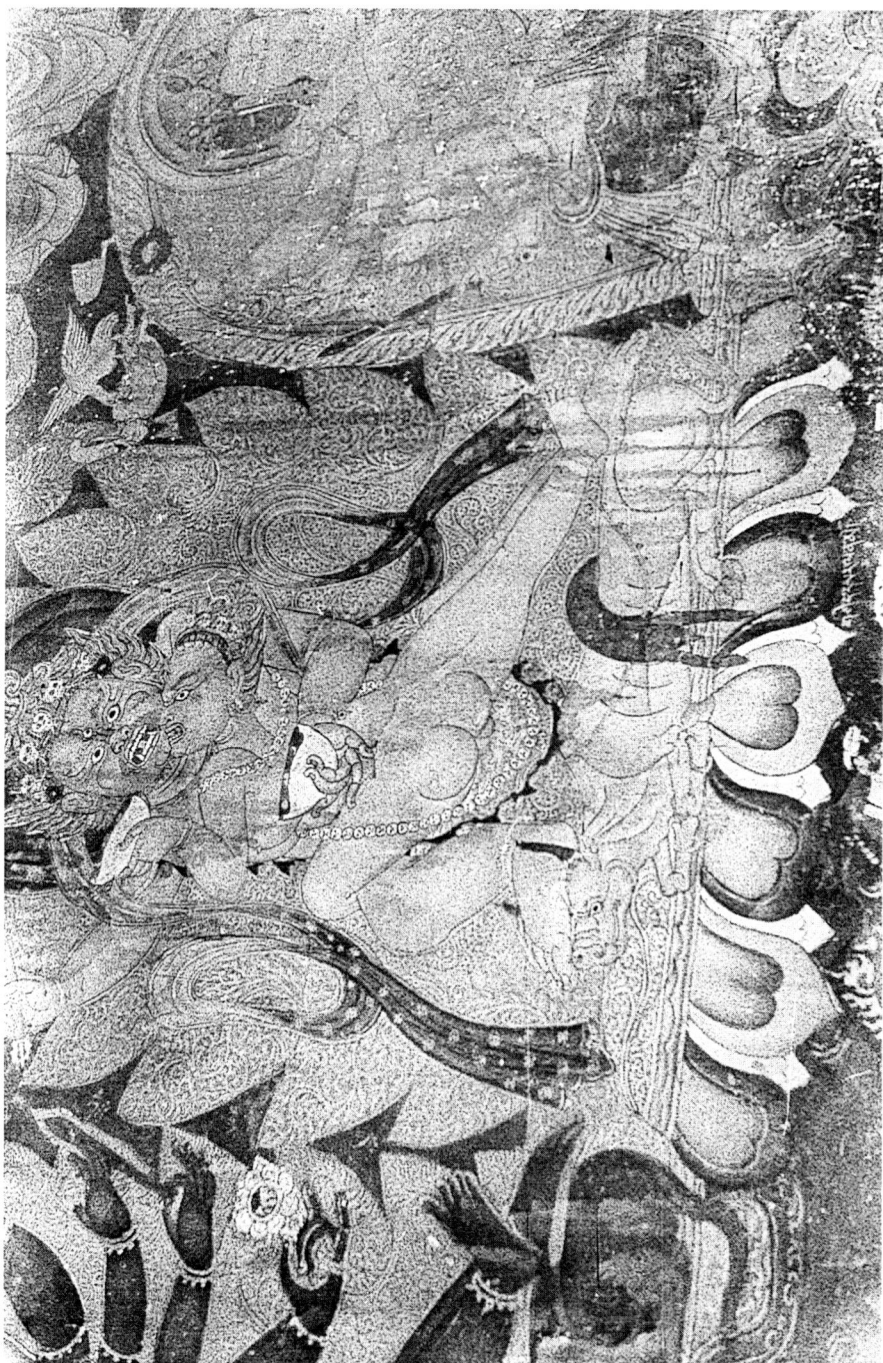

（第 46、55 页）

（第 46、55 页）　　　　　　　　　　　　　　　　　　　　

（第 46 页）

（第 46、55 页）

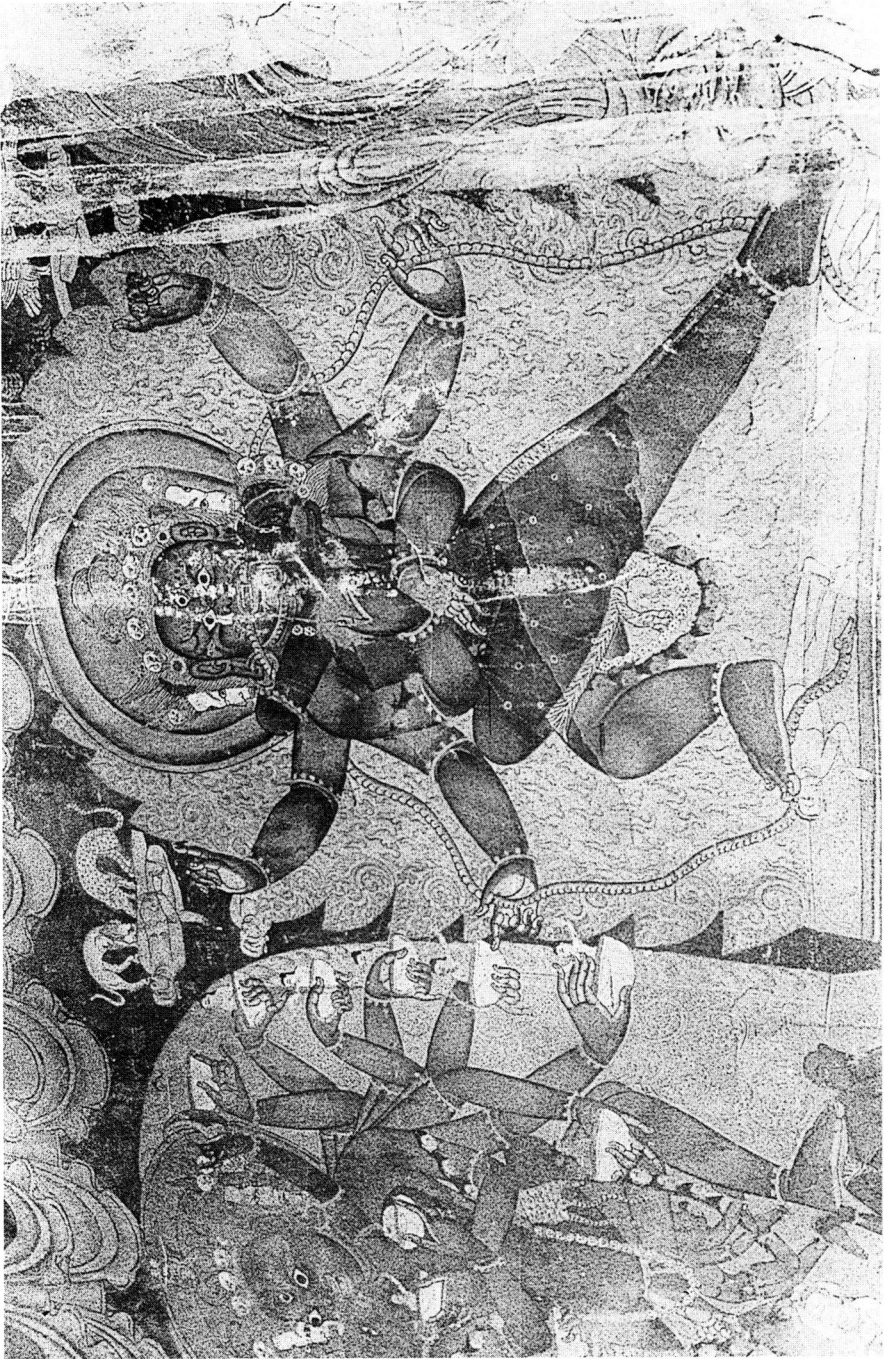

（第 46、48 页）

（第 46、55 页）

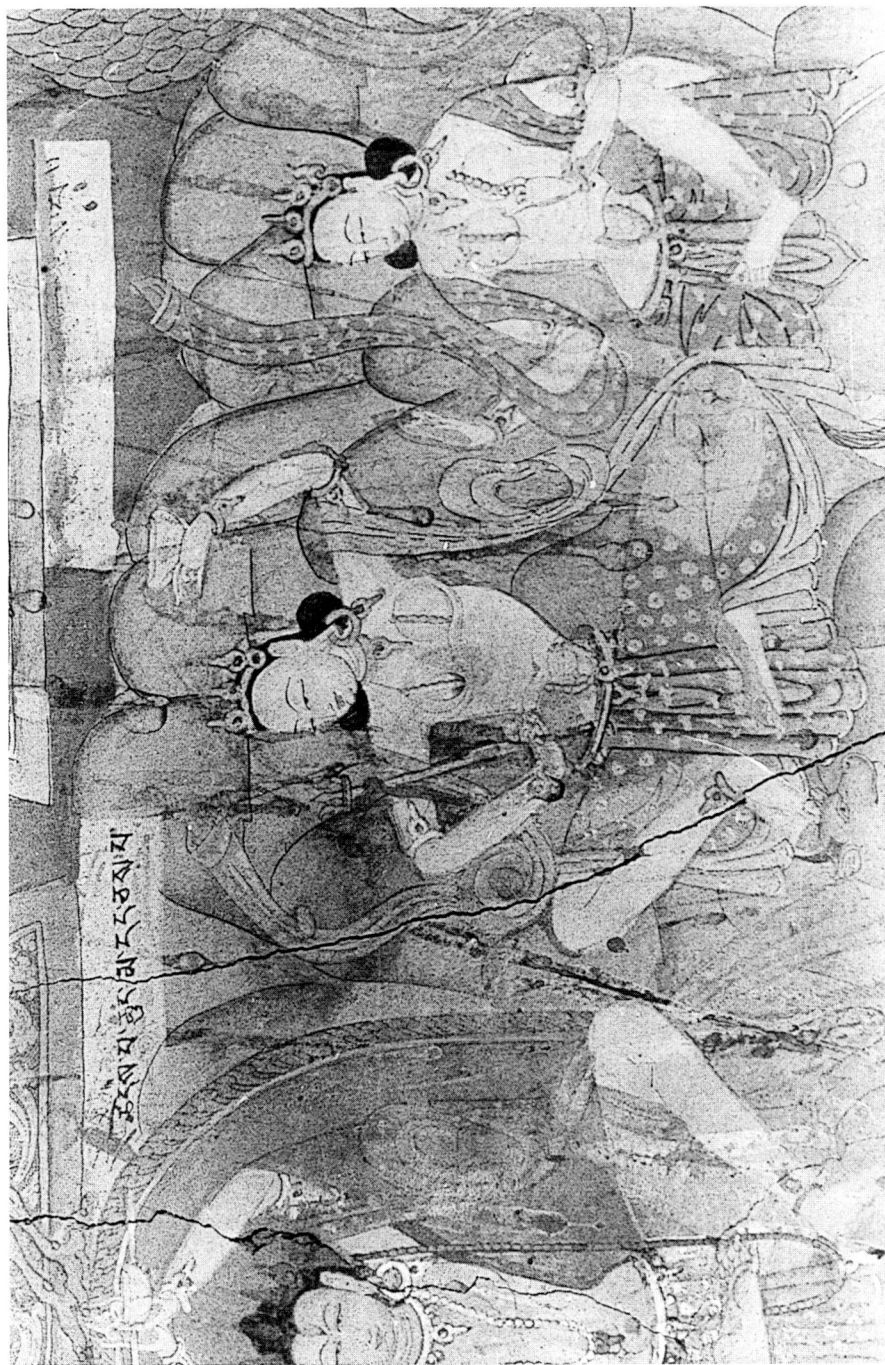

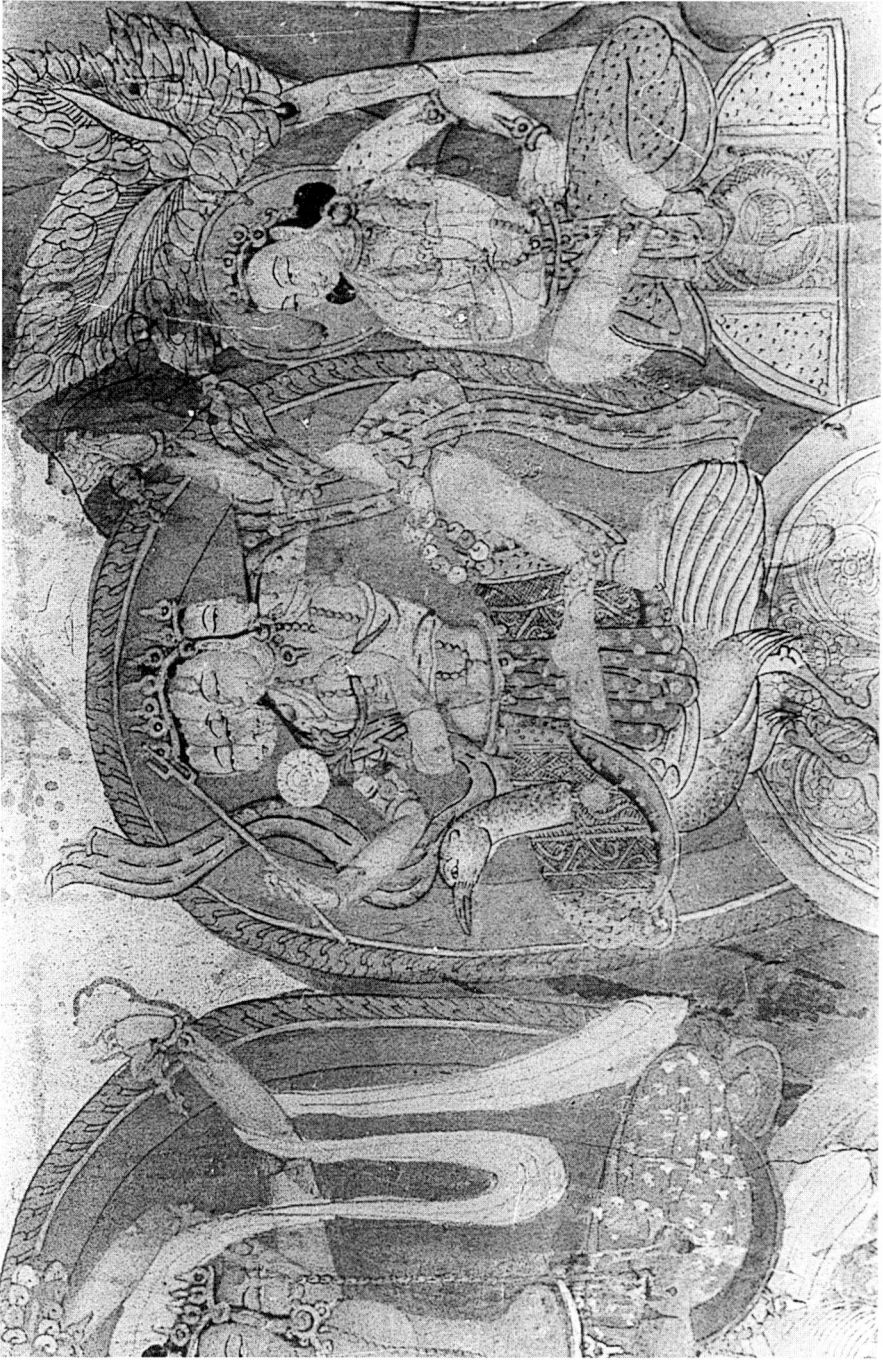

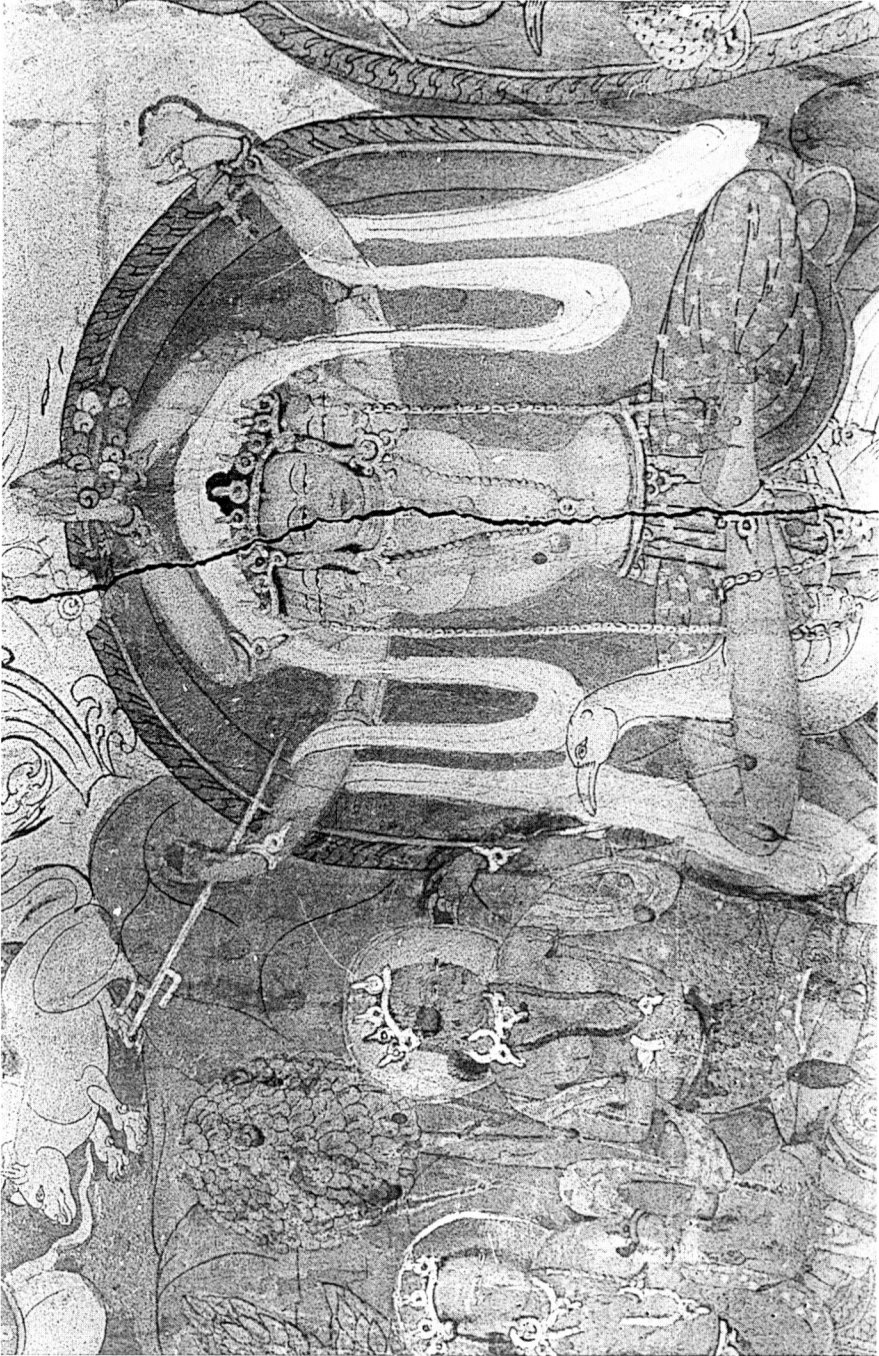

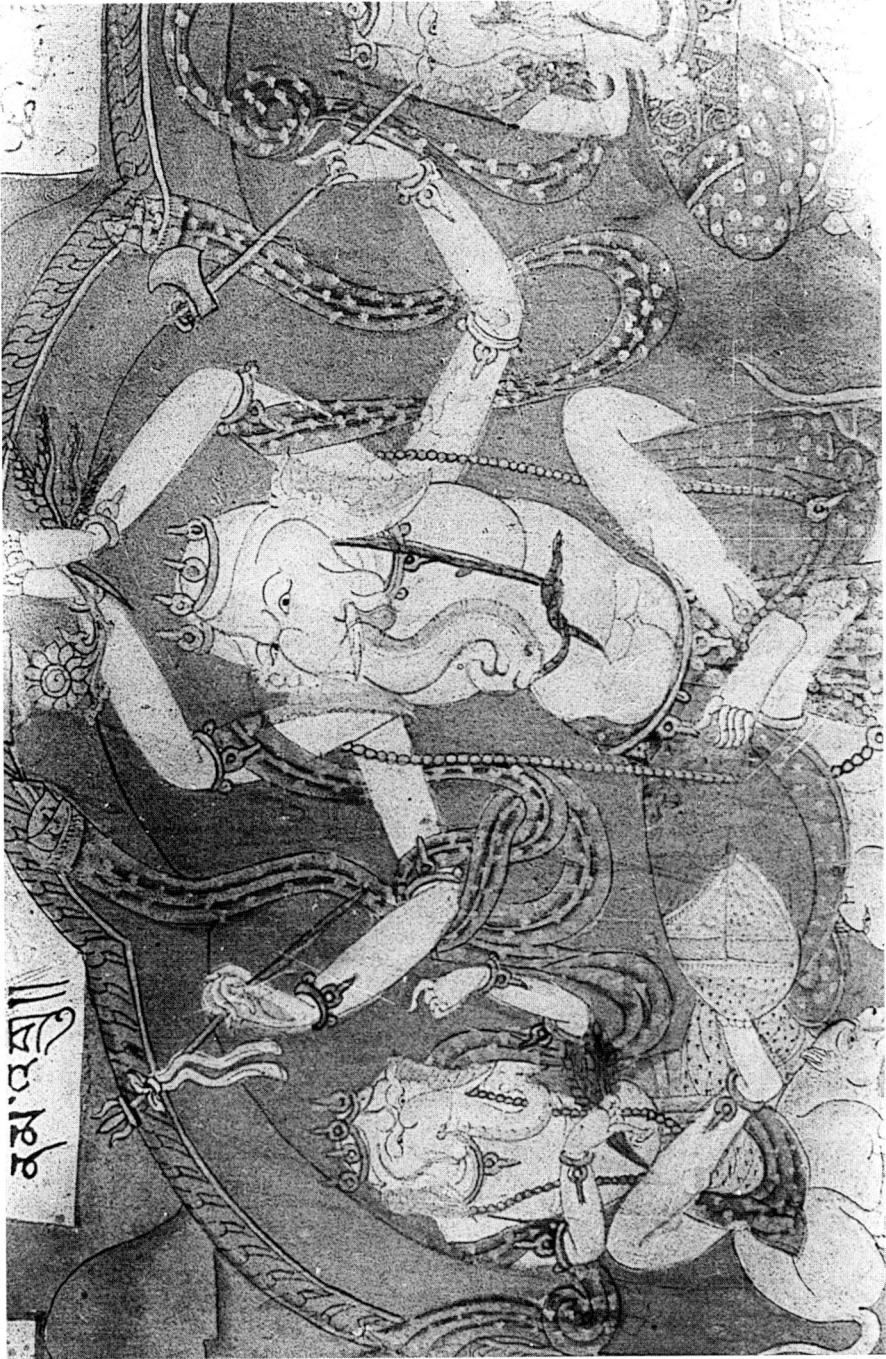

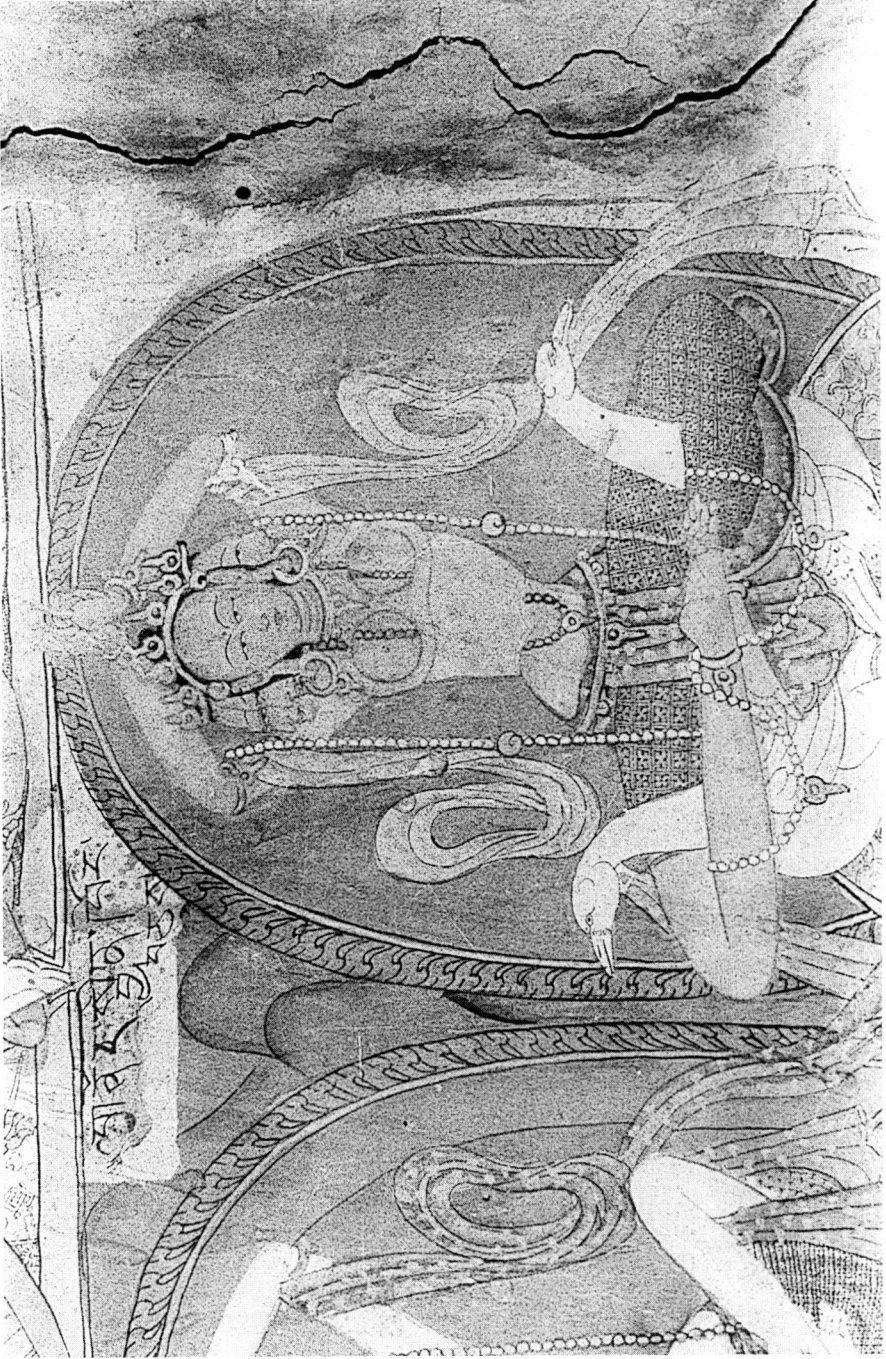

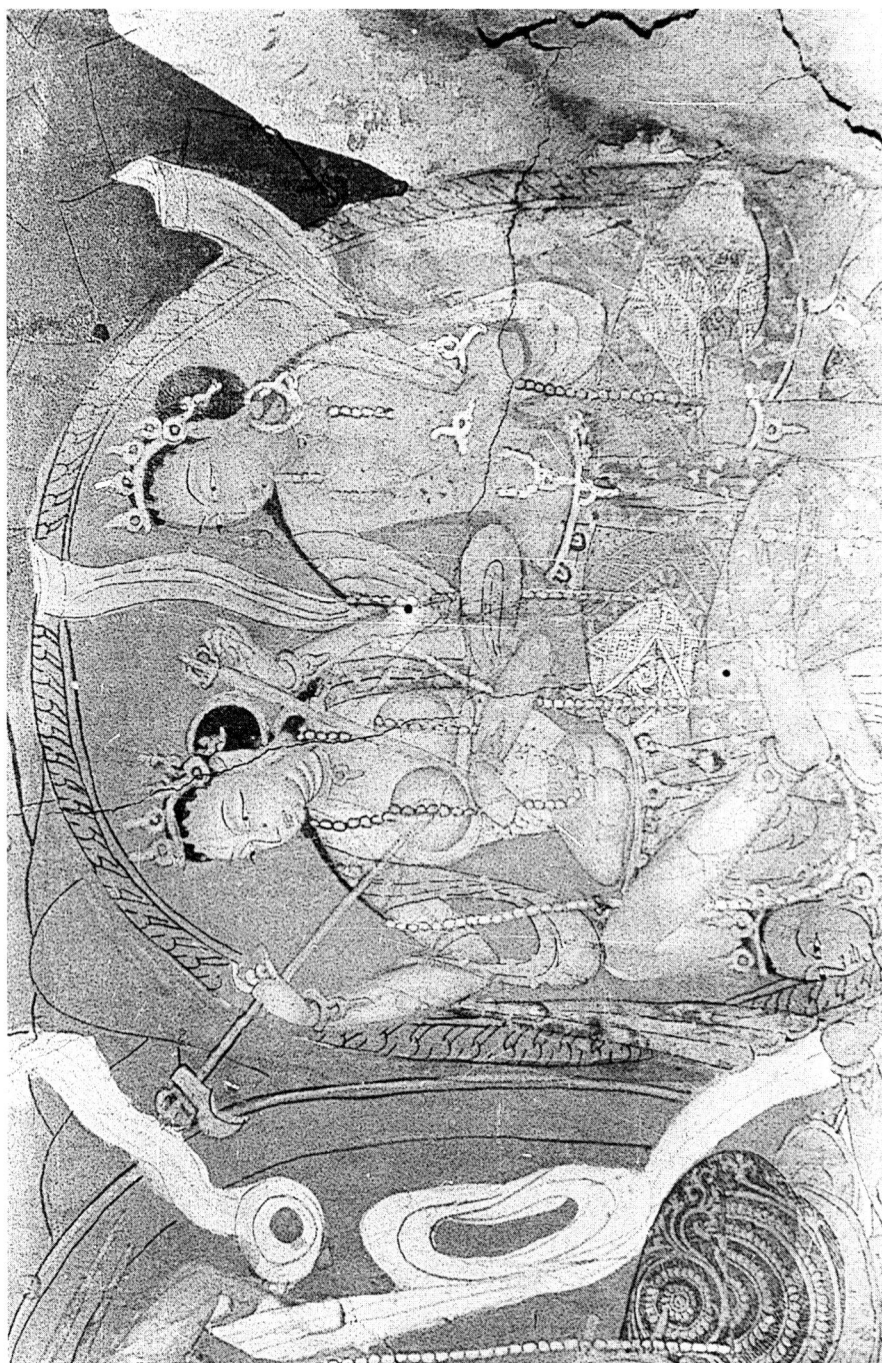

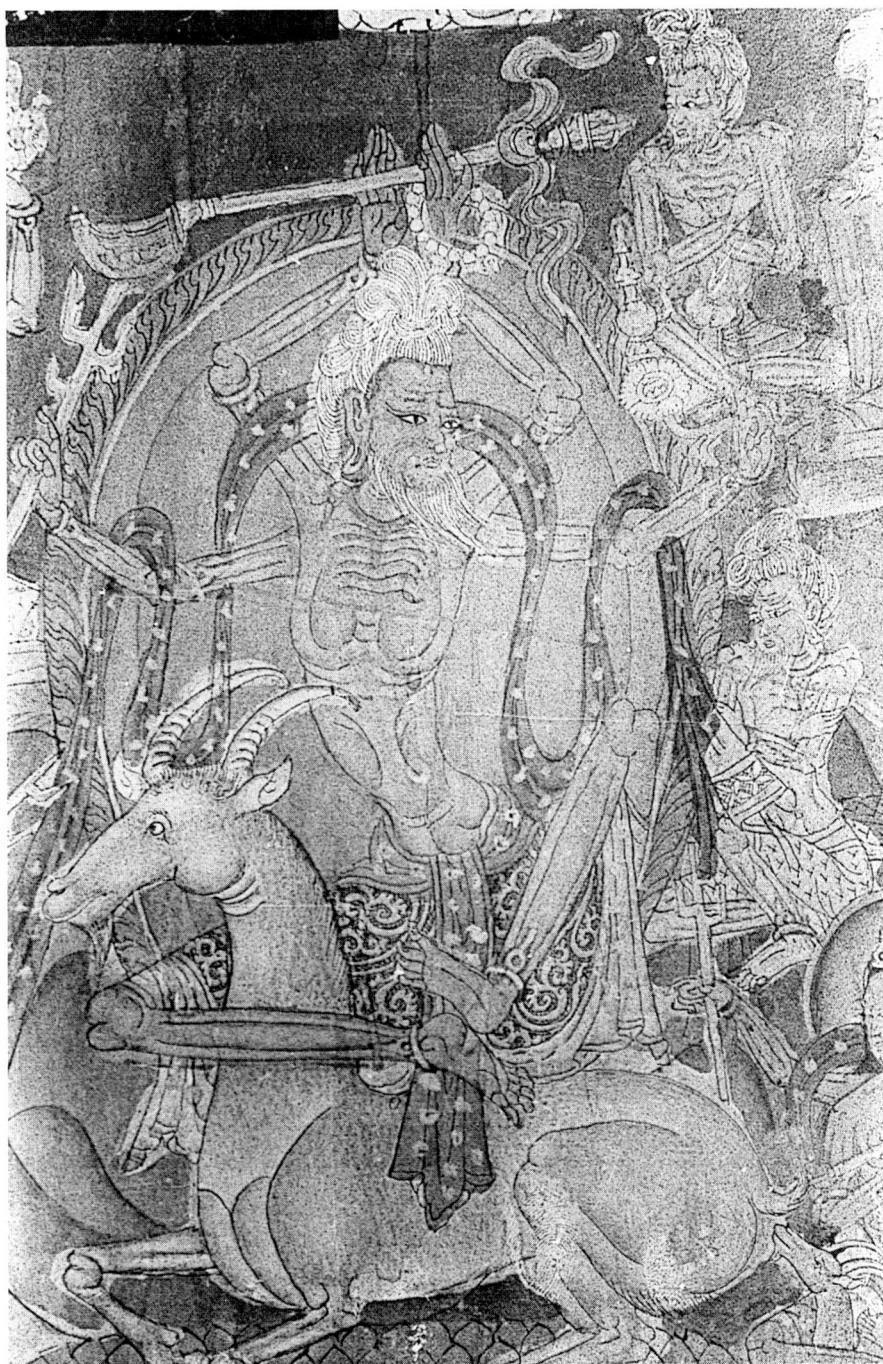

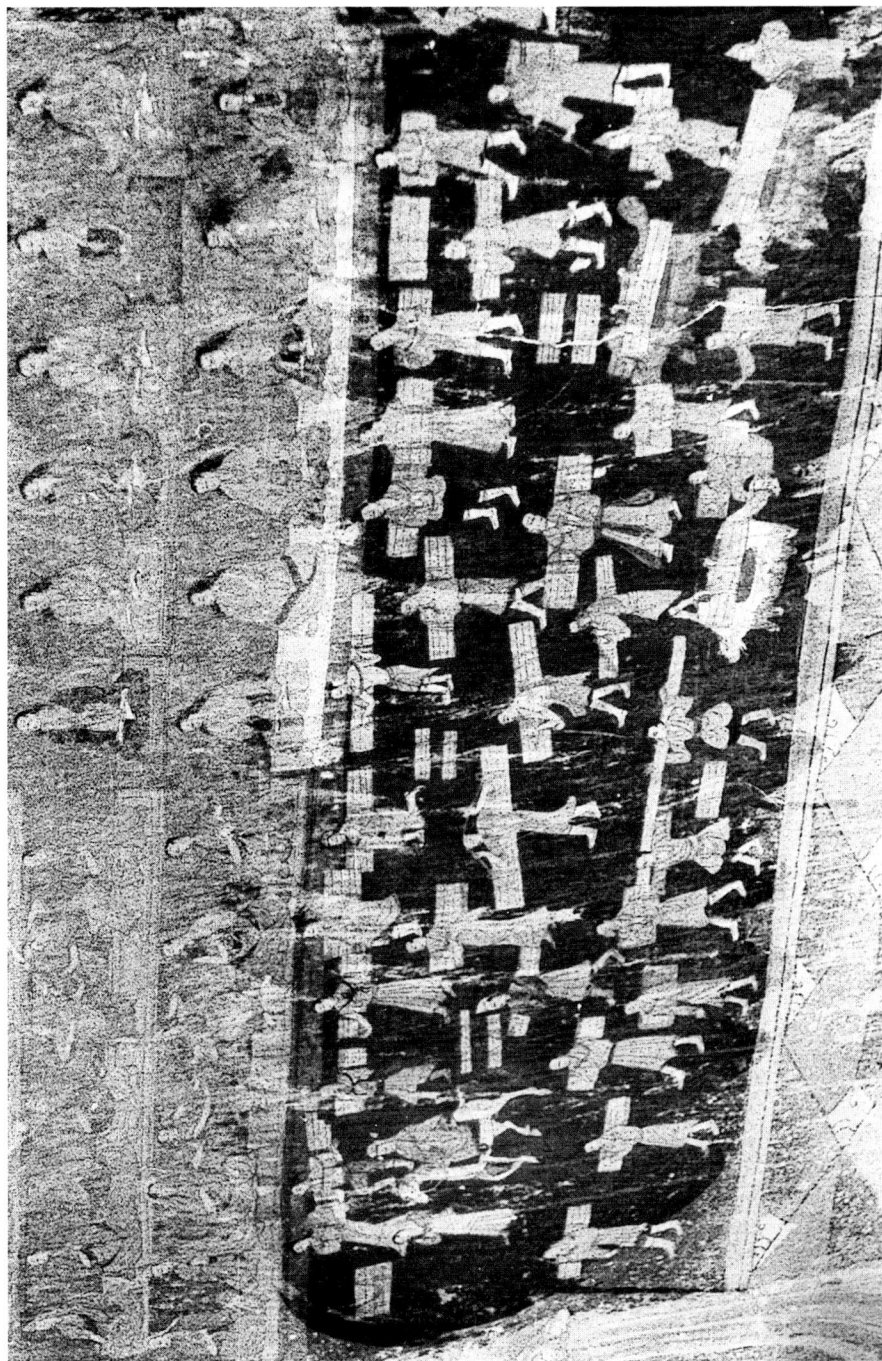

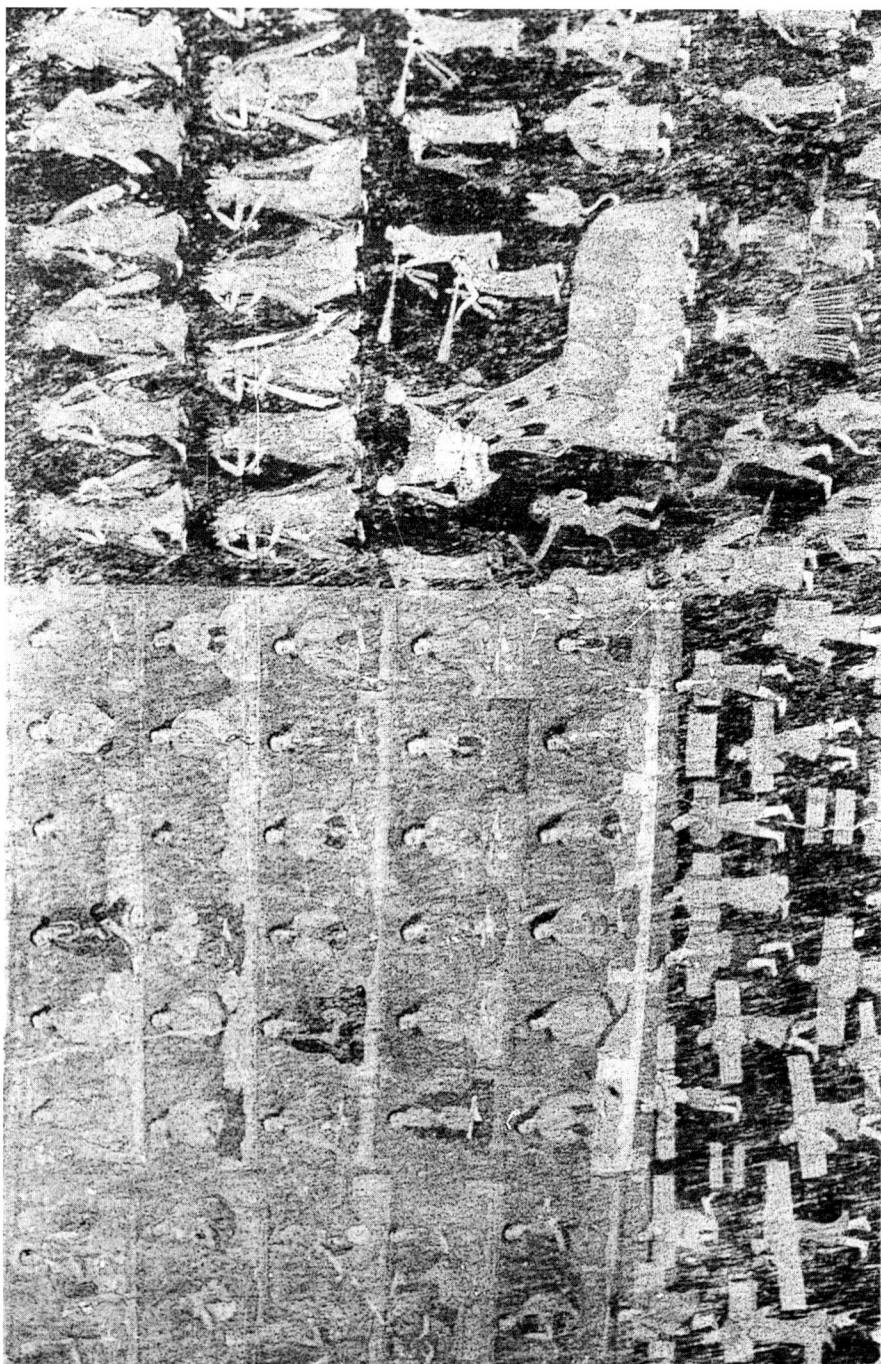

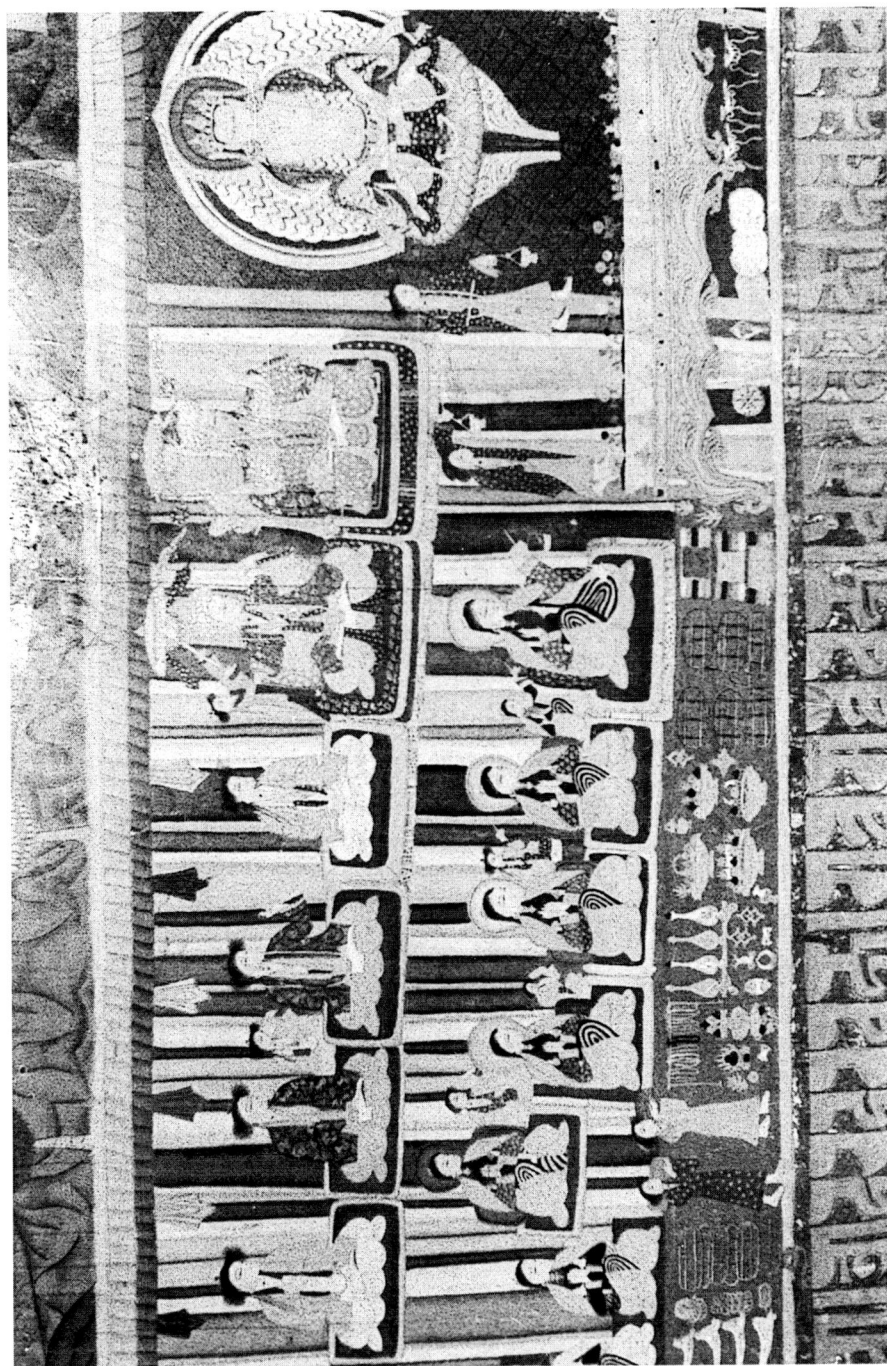

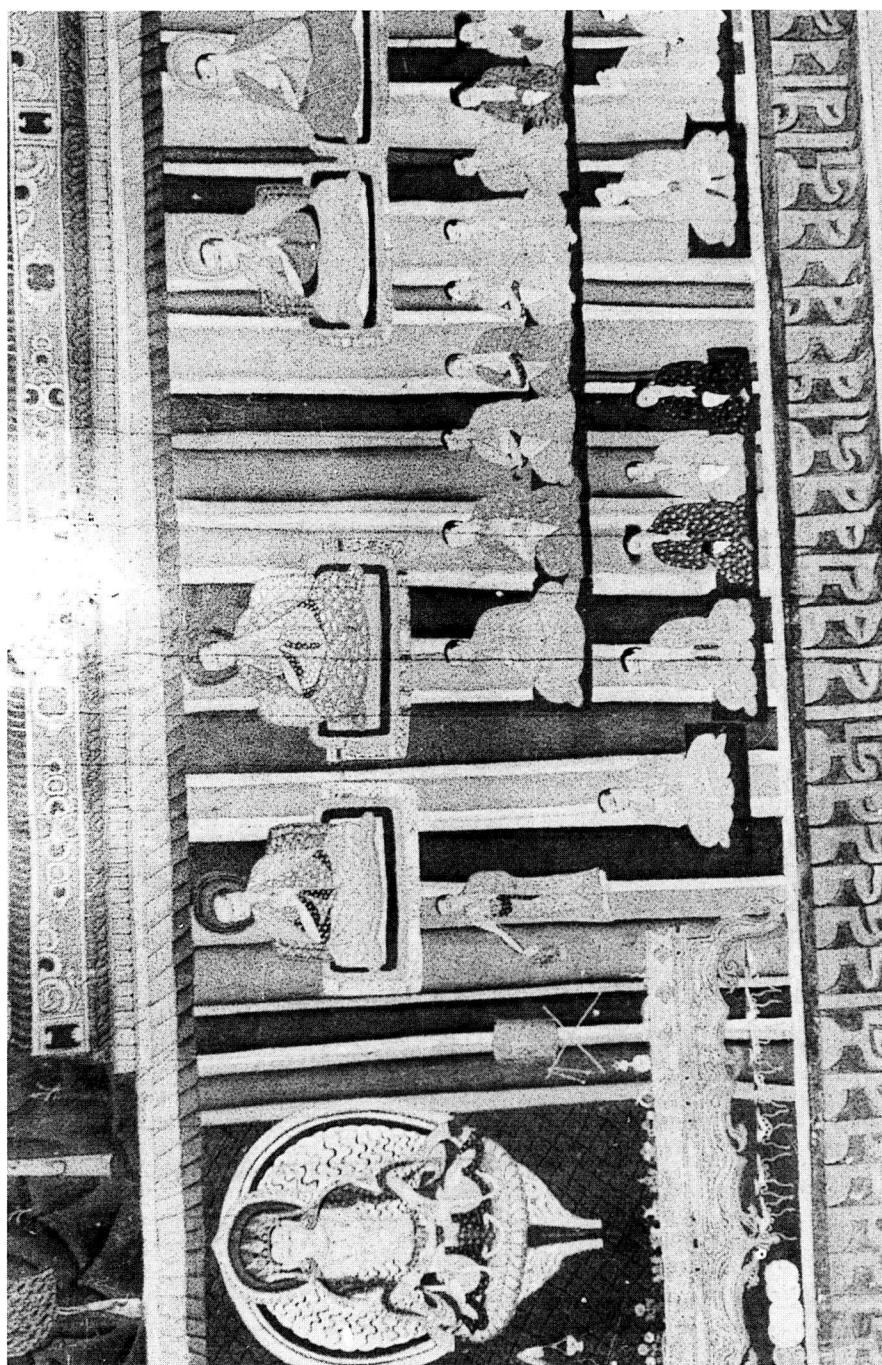

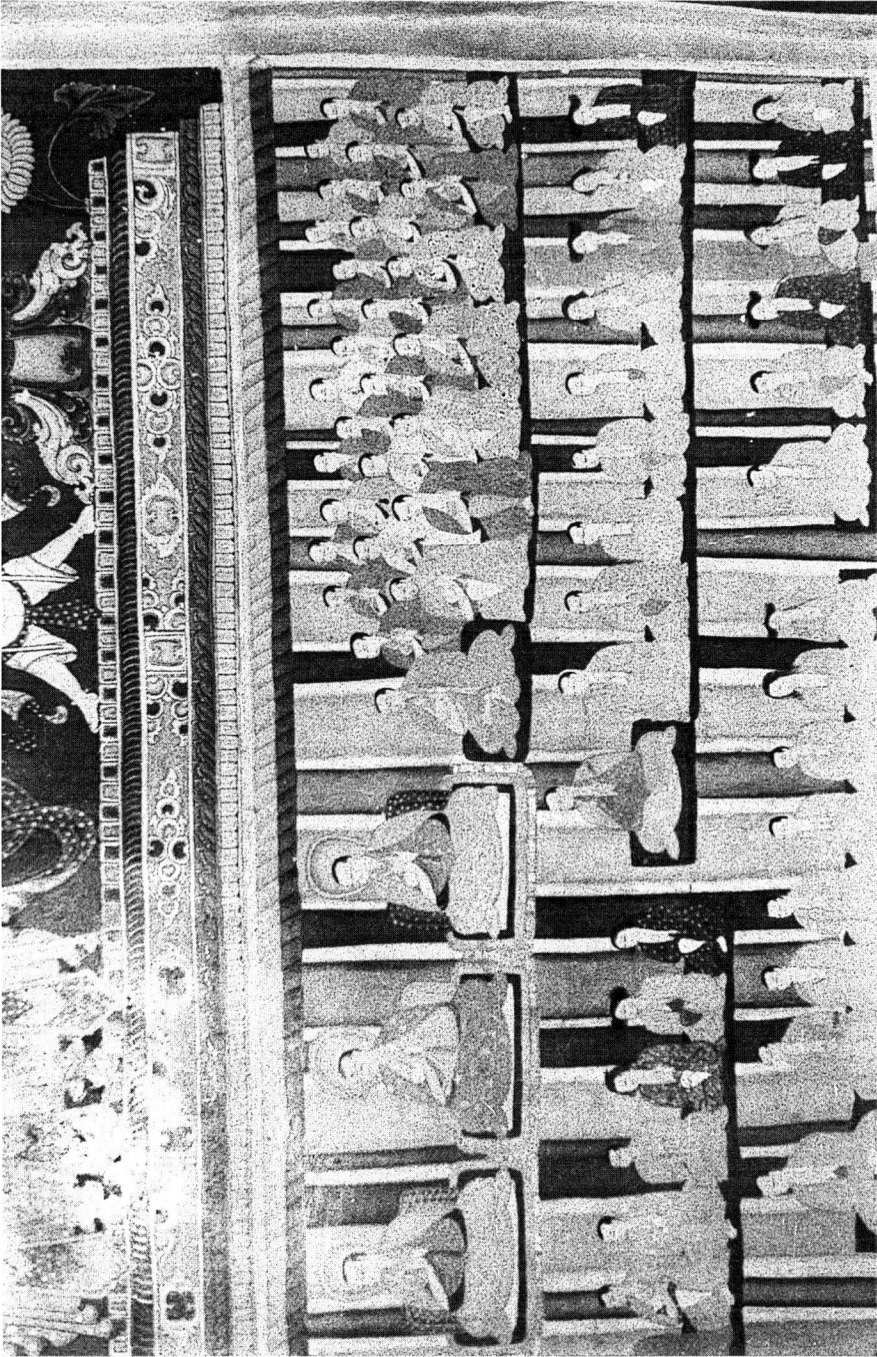

（第 85、88 页）